Was Sterbende brauchen

Was Sterbende brauchen

Mit Beiträgen von
Paul Sporken, Markus von Lutterotti,
Winfried Peitgen, Bernhard Welte
und einem Gespräch einer
krebskranken Frau mit Paul Sporken

Herausgegeben von Paul Sporken

Herder Freiburg · Basel · Wien

Zweite Auflage

Umschlagbild: Dr. H. Oidtmann, Linnich

Alle Rechte vorbehalten – Printed in Germany
© Verlag Herder Freiburg im Breisgau 1982
Herstellung: Freiburger Graphische Betriebe 1982
ISBN 3-451-19618-2

Vorwort

Sterben und Tod sind eine Wirklichkeit, die alle angeht, auch wenn sie immer noch häufig verdrängt und tabuisiert wird. Die Fortschritte der Intensivmedizin haben zwar für viele lebensrettende Hilfe gebracht. Sie haben aber auch häufig dazu geführt, den Kranken als Menschen aus dem Blick zu verlieren. Immer mehr Menschen sterben heute nicht mehr zu Hause in ihrer vertrauten Umgebung, sondern in Kliniken und Krankenhäusern.

Im Mittelpunkt einer von Paul Dingwerth moderierten Tagung der Katholischen Akademie Stuttgart-Hohenheim im November 1981 standen diese Fragen. Ist der Trend zum Krankenhaus immer nur medizinische Notwendigkeit oder auch ein Symptom unserer Unfähigkeit, mit Sterben und Tod umzugehen? Wie können Angehörige, Ärzte, Schwestern und Pfleger zu todkranken und sterbenden Patienten die richtige Beziehung gewinnen? Was können, dürfen und müssen wir für einen Sterbenden auf seinem Weg zum Tod tun? Die Ausführungen von Markus von Lutterotti, Winfried Peitgen und Paul Sporken über die Bedürfnisse des Sterbenden erwiesen sich im Rahmen dieser Akademietagung als brauchbare Antwort für diese Probleme. Sie werden deshalb hier einem größeren Leserkreis in einer für den Zweck dieser Publikation großenteils überarbeiteten und ergänzten Form vorgelegt. Der Beitrag von Bernhard Welte, zunächst vor Ärzten in der Bildungsstätte „Haus Lindenberg" bei Freiburg vorgetragen, bildet im Sinne einer philosophischen Erhellung der menschlichen Grenzsituation eine wertvolle Ergänzung zu den Erfahrungen und Reflexionen der Praktiker. Wieso in diesem Band auch ein Kranker zu Wort kommt, bedarf keiner Begründung.

Die Anregung zur Veröffentlichung der Beiträge in dieser Form und Zusammenstellung ist dem Lektorat des Verlages Herder zu verdanken. Die innere Rechtfertigung für die Publikation läßt sich so erläutern: Zwar ist bereits in vielen Büchern und Artikeln auch von Autoren dieses Bandes Wichtiges zum Problem des Sterbebeistands gesagt worden. Trotzdem erleben wir immer wieder, wie schwer sich Sterbende, Angehörige und Helfer gerade mit den ganz konkreten Problemen tun, die auftauchen und bewältigt werden müssen. In dieser alltäglichen Sorge um den Sterbenden offenbaren sich manchmal Aspekte, die noch unzulänglich ausgearbeitet sind. Das Neue und der Nutzen dieses Büchleins besteht nun nicht darin, daß die Autoren völlig neue Einsichten anbieten würden, an die noch niemand gedacht hätte. Sie haben sich hier eher darum bemüht, gewisse Grundgedanken und Teilaspekte auf neue, praxisbezogene Art zu artikulieren. Die wichtigsten Gesichtspunkte, unter denen sie es getan haben, sind die folgenden: Sterben und Sterbebeistand bilden ein menschliches Geschehen, das sich zwischen dem Sterbenden und den Umstehenden, Angehörigen wie Helfern, abspielt. Wie man Sterbende bis zur Grenze des Todes begleiten, wie man ihnen menschlich nahe sein kann, das ist nicht theoretisch zu definieren. Es muß immer wieder neu entdeckt werden. Die Norm der Hilfe wird vom Sterbenden selber bestimmt. Und was zu tun ist, muß in jeder einzelnen Situation immer wieder neu entdeckt werden. Die Beziehung zum Sterbenden soll nicht durch berufliches Rollenverhalten oder durch den Gesichtspunkt der Funktionalität bestimmt sein, sondern durch Solidarität und durch die Bereitschaft, mit dem Kranken ein Stück des Weges zu gehen. Wenn Sterbende und Helfer den Weg gemeinsam gehen, stoßen sie zwar beide an die Grenze ihres Könnens. Sie dürfen in dieser solidarischen Weggenossenschaft aber auch befreiende und hoffnungsvolle Erfahrungen machen.

Kernpunkt ist, daß der Sterbende seinen Weg gehen muß und uns, die ihm zu helfen versuchen, diesen Weg zeigen wird. Daher ist es so wichtig, daß in diesem Band außer den Helfern auch eine schwerkranke Frau zu Wort kommt und auf eindrucksvolle Art beschreibt, wie sie ihr Kranksein erlebt. Das Einfühlen in die Situation des Kranken ist und bleibt der Ausgangspunkt und die Voraussetzung eines lebensnahen und wirklich menschlichen Sterbebeistands. Wie wir den Sterbenden begegnen, das bleibt ein Prüfstein unserer wahren Menschlichkeit.

Maastricht, 3. Februar 1982   *Paul Sporken*

Inhalt

Einschneidende Veränderungen – Der Kranke und der Sterbende sind die Norm unserer Hilfe – Was der Sterbende konkret braucht – Ein Platz, an dem der Sterbende sich möglichst „zu Hause" fühlen kann – Formen der Sterbehilfe – Zuwendung ist Anfang und Vollendung menschlicher Solidarität – Sich zum Sterbenden gesellen und ihn auf dem letzten Weg begleiten – Wer soll den Beistand leisten? – Wenn sich der Helfer hilflos fühlt – Was die Gespräche schwierig macht – Probleme und Chancen des Zuhörens – Zuhören kann nicht unverbindlich bleiben – Schicksalsgenossen einer gemeinsamen Ohnmacht – Begleiten heißt: die zweite Partie spielen

Man muß differenzieren – Gerade die Sterbenden brauchen die mitmenschliche Teilnahme – Die Situation der Kranken auf den Intensiv-Stationen – Einige Ursachen für die Sprachlosigkeit der medizinischen Wissenschaft – Der kranke Mensch und die vielen Spezialisten – Technik kann menschliche Erfahrung verdrängen – Was tut not für die Patienten? – Nicht nur über, sondern auch mit dem Kranken sprechen – Man darf den Menschen nicht über den wichtigsten Schritt seines Lebens hinwegtäuschen – Es gibt keine Regeln, die für jeden Fall gelten – Ohne einen Rest von Hoffnung wäre das Leben für viele nicht mehr zu ertragen – Die Angst, nicht in Frieden sterben zu dürfen – Fragen, die der Arzt hat – Kein Mensch darf zum hoffnungslosen Fall werden – Sterbebegleitung ist eine Frage der mitmenschlichen Einstellung

Ein ganz konkretes Schicksal – Was die ärztliche Wahrheit bedeutet – Einen Weg gemeinsam gehen bedeutet auch: Zeit haben müssen füreinander – „Barmherzige Lügen" untergraben jedes Vertrauensverhältnis – Offenheit auch für das Religiöse – Der Tod war Erlösung, nicht Katastrophe eines Lebens – Wir sollten Wunsch und Willen der Betroffenen respektieren – Was brauchen Sterbende zu Hause? – Die Familienmitglieder sind oft überfordert – Was wir selber brauchen

Was trennt, kann auch verbinden – Zum Dialog zwischen Arzt und Patient – Vertrauen ist Aufgabe der Nächstenschaft – Die Krankheit stößt uns an unsere eigene Grenze – Das Unvermeidliche übernehmen – Gemeinsames Bestehen aus einer verbindenden Kraft – Mit dem Blick auf das große „Und"

Einführung
Verlauf der Krankheit – Wie ich es selber erlebte – Die Reaktionen meiner Umgebung – Wie sich die Begleiter um mich kümmerten – Die Gespräche mit meinem Mann – Zwischen Angst und Hoffnung

I. Die Bedürfnisse des Sterbenden

von Paul Sporken

Einschneidende Veränderungen

Im Laufe der Menschengeschichte ist der Tod des Menschen an und für sich unverändert geblieben. Im Hinblick auf das Sterben aber haben einschneidende Entwicklungen stattgefunden. Ein wichtiger Bestandteil dieser Entwicklungen besteht darin, daß sich das Krankheitsprofil wesentlich geändert hat: und zwar von Infektionskrankheiten hin zu den Zivilisations- und Wohlstandskrankheiten. Diese letzteren sind u. a. dadurch gekennzeichnet, daß sie langsamer verlaufen, meist aus somatischen und psycho-sozialen Ursachen herkommen und oft weder zur ganzheitlichen Heilung noch zum Tode führen. Sie enden häufig in einer bestimmten Form von Invalidität. Der betroffene Mensch ist also nicht mehr richtig krank, aber auch nicht ganz gesund. Man denke z. B. an Herzerkrankungen, Erkrankungen der (Koronar-)Gefäße, Erkrankungen der Luft- und Atemwege, bestimmte Nervenkrankheiten. Weil der Krankheitsprozeß langsamer

11

verläuft, verläuft auch der Sterbeprozeß langsamer als früher. Parallel mit dieser Entwicklung hat sich eine fast explosive Entwicklung der medizinischen Wissenschaft und der medizinischen Technik vollzogen. In vielen Fällen gibt es so viele Möglichkeiten, das *Leben* (bzw. das Sterben) des Menschen zu verlängern, daß die Gefahr groß ist, sich gegen das *menschliche* Leben zu versündigen, d. h. wesentlich humanen Aspekten eben dieses Lebens Abbruch zu tun. Die genannten und viele andere Faktoren führten zu dem erneuten Bewußtsein, daß „gesund" oder „krank" zu sein ein vollmenschliches Geschehen ist. Es weist auf die Verfassung des Menschen in seiner konkreten Existenzsituation und auf den Prozeß der Selbstverwirklichung hin. Weil es sich dabei aber – wenn auch ab und zu nolens volens – um eine sozial bestimmte Existenzsituation handelt und die Umgebung einen großen Einfluß auf den Gesundungs- oder Erkrankungsprozeß ausübt, kann man sogar behaupten: Gesund oder krank zu sein ist ein zwischenmenschliches Geschehen. Darauf wird noch zurückzukommen sein.

Der Kranke und der Sterbende sind die Norm unserer Hilfe

Die Überzeugung, daß gesund oder krank zu sein ein menschliches Geschehen ist, bringt für die Hilfeleistung mehrere Konsequenzen mit sich.

Die *Grundnorm* für das Handeln von Ärzten und anderen im Hinblick auf die Gesundheit des einzelnen Kranken wird daher durch den Menschen in seiner Ganzheit bestimmt. Sie umfaßt das komplexe Ganze körperlicher, psychischer, sozialer und dynamischer Aspekte, die der menschlichen Existenzsituation wesentlich eigen sind.

Die *Grundhaltung* aller in der Gesundheitssorge tätigen Personen soll deshalb gekennzeichnet sein durch die Bereitschaft, den kranken Menschen ernst zu nehmen, seine Menschenwürde zu respektieren, sich dem Kranken zuzuwenden, mit ihm solidarisch zu sein, damit dieser all das, was er als menschliche Grundwerte und als für seine Selbstverwirklichung dienlich betrachtet, in der Tat und weitgehend zur Geltung bringen kann.

Der *Zugang* für die Beziehung mit dem Kranken bleibt das Körperliche. Weil es aber letzten Endes um das Wohl des kranken Menschen geht, wird die Grundnorm des ärztlichen Handelns durch die wahrhaft menschlichen Belange des Kranken bestimmt.

Die Hilfe, die einem kranken Menschen angeboten wird, soll den Charakter einer Lebenshilfe haben. Lebenshilfe kann – je nach den vorhandenen Problemen – auf mancherlei Art verwirklicht werden. Im Grunde genommen bedeutet sie: dem Mitmenschen so nahe und behilflich

sein, daß dieser sich mit seinen Problemen auseinandersetzen kann, seine Lösung für seine Probleme findet und weitgehend er selbst werden
kann.

Während des ganzen Lebens können Perioden
vorkommen, in denen Probleme vielfältiger Art
entstehen. Manchmal sind sie so schwer, daß der
Betroffene sie nur mit viel Mühe oder überhaupt
nicht verarbeiten kann und deshalb das Bedürfnis nach Hilfe und Beistand empfindet. Eine
Krankheit oder eine Verletzung können eben-
falls für eine bestimmte Zeit das Bedürfnis nach
Hilfe bei der Überwindung verschiedener Probleme auslösen. Wenn jemand von einer unheilba-
ren Krankheit oder von einer bleibenden Verletzung getroffen wird, entstehen oft Probleme ern-
ster Art in dem Sinn, daß die Zukunftsmöglich-
keiten mitbetroffen sind. Das wird in hohem
Maß der Fall sein bei chronisch-progressiven
Krankheiten, das heißt bei Krankheitsprozessen,
die allmählich, aber unwiderruflich schlimmer
werden und – wenn auch erst nach einer Anzahl
von Jahren – zum Tod führen werden. Anders,
aber doch damit vergleichbar ist die Situation äl-
terer Menschen, die den Prozeß des Altwerdens
und des damit verbundenen Nachlassens körperlicher Funktionen bewußt erleben. Dabei stellen
sich viele Fragen: Wie lange noch? Wann bin ich
an der Reihe? Was kann ich mit dem Leben anfangen, das mir noch bleibt? Werde ich noch

mehr zerfallen? Was bedeute ich noch für andere? Bin ich nur noch eine Last für sie?

Im Grunde sind alles dies Fragen, die während des Sterbeprozesses in konzentrierter Form wiederkehren. Die Periode, in der der Tod nicht nur unabwendbar, sondern auch in absehbarer Zeit kommen wird, schafft für den, der dies alles bewußt erlebt, oft solche Probleme, daß sich das Bedürfnis nach irgendeiner Form von Begleitung und Beistand auch stärker spürbar macht.

Zum Abschluß noch eine wichtige Feststellung: Der einzelne Mensch kann nur in der Begegnung und Bezeichnung mit seinem Mitmenschen er selbst werden, und damit seine Lebensaufgabe erfüllen. Das bedeutet, daß jeder Mensch, einfach weil er Mitmensch ist, die grundsätzliche ethische Aufgabe hat, seinem Nächsten diese Selbstwerdung zu gönnen und zu ermöglichen. Und umgekehrt: daß jeder Mensch ein Recht im Sinne eines moralischen Anspruchs hat auf all das, was er braucht, um auf wahrhaft menschliche Art leben oder sterben zu können. Damit ist zugleich noch einmal aus einer anderen Perspektive klargestellt, daß der Sterbende selbst, daß *seine* echt menschlichen Belange und Bedürfnisse die Grundnorm *unseres* Helfens bilden.

Was der Sterbende konkret braucht

Daß die Norm unserer Hilfe und unseres Beistandes vom Sterbenden bestimmt werden muß, das wird wohl von niemandem angezweifelt. Die Schwierigkeiten entstehen erst dann, wenn wir versuchen, diese Grundnorm in konkrete Normen und Verhaltensregeln zu „übersetzen".

Wenn man sich in die Sicht des Sterbenden vertieft, könnte man so vorgehen: Manchmal ist die Rede von „Belangen des Kranken". Damit werden die Angelegenheiten, die für den Kranken von Bedeutung oder Wichtigkeit sind, angedeutet. Das Wort Bedürfnis hat eine andere (obwohl verwandte) Bedeutung, und zwar: Wunsch, Verlangen nach etwas, aber auch: Lebensnotwendigkeit, d. h. etwas, was jemand unbedingt zum Leben braucht, sei es materiell oder auf einer mehr persönlichen Ebene.

Unter den vielen und verschiedenen Bedürfnissen, die man bei dem einzelnen Kranken beobachten kann, gibt es einige, die man in irgendeiner Form bei jedem Kranken antrifft. Diese Grundbedürfnisse sind maßgebend für die Hilfe.

Aus der Sicht des Kranken, in seiner jetzigen Situation gesehen, steht das Grundbedürfnis nach medizinischer Betreuung und pflegerischer Versorgung im Vordergrund. Die Erfüllung des Bedürfnisses nach Gesundheitspflege wird als ein soziales Grundrecht eines jeden Menschen betrachtet.

16

Sieht man aber Krankheit als menschliches Geschehen, so steht ohne Zweifel das Grundbedürfnis nach Selbstverwirklichung an erster Stelle. Für den Kranken ist dies von besonderer Wichtigkeit, weil er ja in seinen Möglichkeiten beschränkt und manchmal sogar in seiner Existenz bedroht wird.

Gerade in der Krise, die eine ernsthafte Krankheit hervorrufen kann, hat der Kranke oft ein noch stärkeres Bedürfnis, er selbst zu sein, sich mit seiner Lage auseinanderzusetzen, mit-verantwortlich zu sein für das, was mit ihm und für ihn gemacht wird. Dazu braucht er einerseits den menschlichen Raum, der notwendig ist für seine Selbstentfaltung. Andererseits ist er aber auch auf einen Gesprächspartner oder eine Bezugsperson angewiesen, einen Menschen also, mit dem er seine Gefühle und Probleme besprechen kann. Der Helfer muß die menschliche Situation, in der sich der Kranke befindet, verstehen und erhellen können und – wenn der Kranke an ihn appelliert – sich für das interessieren, was dem Kranken wichtig ist in einer Situation, in der er sich als Kranker in einer beängstigenden Umwelt zurechtfinden muß.

In diesem Zusammenhang hat der Kranke auch das Bedürfnis, als Person geachtet und respektiert zu werden, sein gutes Ansehen und seinen guten Ruf nicht zu verlieren. Er braucht weiter eine gewisse Sicherheit, daß er alles überstehen wird und daß in einer besonderen Notsituation, in die er hineingeraten könnte, eine helfende Person verfügbar ist.

Das letzte – aber deshalb nicht das geringste! – Grundbedürfnis ist die Liebe. Der Kranke braucht in seiner Situation die Möglichkeit, seine Beziehungen und Freundschaften weiter zu pflegen. Er möchte seine Gefühle äußern, Liebe und Zärtlichkeit verschenken und empfangen. Das gilt nicht nur für die Beziehungen mit Familienangehörigen, Verwandten und Freunden. Es gilt auch für das Verhältnis zu Pflegepersonen und anderen Helfern. Fachtechnisches Wissen und Können und professionelle Hilfe sind nur dann wohltuend für den kranken Menschen, wenn sie im Rahmen einer ehrlichen, menschlichen Zuwendung und Liebe, als Gestaltung der Solidarität zwischen dem hilfsbedürftigen Menschen und seinen Helfern, angeboten werden.

Man kann deshalb die Aufgabe der Angehörigen und der Helfer so zusammenfassen: Sie müssen dafür sorgen, daß der Sterbende einen Platz zum Sterben hat, daß er Sterbehilfe, d. h., daß er vor allem die notwendige medizinische und pflegerische Betreuung erhält und sich in einer ehrlichen menschlichen Zuwendung und Liebe geborgen weiß. Diese Aufgabe umfaßt so viel, daß Angehörige und Helfer sich manchmal hilflos fühlen. Wir wollen den damit verbundenen Fragen kurz nachgehen.

Ein Platz, an dem der Sterbende sich möglichst
„zu Hause" fühlen kann

Es bedarf keines Beweises, daß dem Sterbenden
ein geeigneter Platz zum Sterben gewährt werden soll, weil die verschiedenen Formen der Hilfe und des Beistandes sonst ihr eigentliches Ziel
verfehlen würden. Der geeignete Platz ist der, an
dem der Sterbende sich möglichst weitgehend
„zu Hause" fühlen kann. Dies gilt ganz konkret
im Hinblick auf den Raum und dessen Einrichtung, es bezieht aber auch die Menschen ein, die
den Sterbenden umgeben. Ob ein Kranker auf
eine für ihn menschenwürdige Art sterben kann,
hängt zu einem großen Teil von dem Ort ab, wo
dieses ganze Geschehen sich abspielt. In Betracht kommen: zu Hause, in einem Krankenhaus oder in einem Heim, vielleicht sogar in
einem „Sterbeheim". Weil die beiden erstge-
nannten Möglichkeiten in den anderen Beiträgen
behandelt werden, werde ich mich auf die Frage
beschränken, ob ein „Sterbeheim" ein geeigneter
Platz zum Sterben sein könnte.

Man wird zugeben, daß heute ein fast allge-
meines Unbehagen herrscht bezüglich des Beistandes, der den sterbenden Mitmenschen gegeben wird. Wenn man sich diese Klagen, aber
auch die Ohnmacht vergegenwärtigt, wirklich
tatkräftige Verbesserungen durchzuführen, dann
stellt sich die Frage: Ist es denn nicht besser,

19

Sterbeheime einzurichten, wie sie vor allem in verschiedenen angelsächsischen Ländern bereits existieren. Viele halten das tatsächlich für wünschenswert. Ich persönlich bin aus folgenden Gründen anderer Meinung: Aus der Tatsache, daß es an Sterbebeistand noch sehr mangelt, kann man nur dann auf die Notwendigkeit von Sterbeheimen schließen, wenn feststeht, daß dieser Mangel nicht mehr zu beheben ist. Davon bin ich aber vorläufig nicht überzeugt. Ferner fragt es sich, ob die Belange des Sterbenden dadurch wirklich besser gewährleistet werden. Die Bedürfnisse des Sterbenden bestimmen die Norm unserer Hilfeleistung, auch im Hinblick an den Ort, wo er sterben darf. Ist ein Platz inmitten anderer Sterbenden dieser ideale Ort? Sind spezialisierte Helfer seine besten Helfer? Persönlich kann ich mich des Eindrucks nicht erwehren, daß nicht so sehr die Sterbenden selbst, sondern vor allem wir – die Helfer – ein Bedürfnis nach Sterbeheimen haben. Ihre Einrichtung könnte bedeuten, daß wir die Mängel in unserem Gesundheitssorgesystem verbergen und sogar institutionalisieren und außerdem unsere Ohnmacht zu wirklichem Sterbebeistand rechtfertigen und verdecken. Hinzu kommt noch die Gefahr, daß wir diejenigen, die nicht in ein Sterbeheim kommen, vielleicht noch mehr im Stich lassen, als dies heute manchmal geschieht.

20

Gegen andere Initiativen habe ich weniger Einwände. Ich denke z. B. an die Einrichtung von Stationen innerhalb eines Krankenhauses, die durch Ausstattung und Personal besonders auf die Hilfe und den Beistand für Sterbende eingerichtet sind. Dabei könnten übrigens auch Erfahrungen gesammelt werden, die für andere wiederum nützlich sein könnten. Voraussetzung ist aber, daß man auf solche Stationen nicht nur die „interessanten" Sterbefälle aufnimmt, d. h. die Sterbenden, die für weitere Untersuchungen im Hinblick auf ein „Modell des Sterbebeistandes" besonders geeignet sind.

Die Frage nach der eventuellen Errichtung von Sterbeheimen hängt engstens zusammen mit der Frage, wer am besten Sterbehilfe und Sterbebeistand leisten soll. Auch auf diese Frage hört man oft die Antwort: Am besten bildet man hochspezialisierte „Sterbebegleiter" aus, die dann ihre Aufgabe darin sehen, in den Krankenhäusern, Pflegeheimen und Altenheimen den Sterbenden beizustehen. Persönlich habe ich grundsätzliche Einwände gegen diese Auffassung. Zu groß ist nämlich die Gefahr, daß dem Sterbenden dadurch zu wenig Möglichkeit gelassen wird, sich seinen Gesprächspartner oder seine Bezugsperson selbst auszusuchen, weil wir ihm eben einen von uns qualifizierten Gesprächspartner aufzwingen. Diese Lösung wäre nach meinem Dafürhalten letztlich eine Institutionalisierung unserer Ohnmacht, mit Sterbenden zu leben. Positiver zu bewerten scheinen mir die Initiativen, die befürworten, daß Menschen, die relativ viel Zeit zur Verfügung haben, auf freiwilliger Basis Schwerstkranke und Sterbende besuchen, „einfach" um durch ihre Anwesenheit und ihre menschliche Nähe die Einsamkeit der Kranken und Sterbenden zu mildern.

Formen der Sterbehilfe

Der Begriff „Sterbehilfe" ist mißverständlich. Im Deutschen wird das Wort Sterbehilfe oft als Synonym für Euthanasie, d. h. für die absichtliche Verkürzung des Sterbeprozesses gebraucht. Das ist m. E. eine unzulässige Einengung dieses Begriffs. Sterbehilfe ist eher eine Form der vorher schon umschriebenen Lebenshilfe, die sich nur dadurch auszeichnet, daß sie während der letzten Lebensphase geleistet wird. Sterbehilfe leisten bedeutet grundsätzlich: dem Schwerkranken oder Sterbenden so nahe und behilflich zu sein, daß er sich mit den Problemen seines Sterbens auseinandersetzt und letzten Endes seinen eigenen Tod zu sterben vermag. Der Begriff „sein eigener Tod" scheint vage zu sein, kann aber schärfer artikuliert werden. Die Rede vom eigenen Tod meint zunächst einmal, daß es sich um ein „ungestörtes Sterben" handelt, d. h. um ein

Sterben, das von niemandem auf sinnlose Art (bzw. gegen den Willen des Sterbenden) verlängert oder verkürzt wird. Zweitens enthält der Begriff des eigenen Todes, daß der Mensch seiner individuellen Würde gemäß sterben darf.

Die Hilfe für den Sterbenden kann auf mancherlei Art verwirklicht werden. Eine erste Form der Sterbehilfe besteht in einer guten medizinischen Betreuung und einer ausgezeichneten Pflege und Versorgung. Das ist eigentlich die Voraussetzung jeder anderen Form der Sterbehilfe, weil dadurch der Verlauf des Krankheitsprozesses erträglich gemacht wird. Schmerzbekämpfung ist *auch* eine wichtige Form der Sterbehilfe. Dazu ist zu bemerken, daß die medikamentöse Schmerzbekämpfung auf die „Schmerzkurven" abgestimmt werden soll, z. B.: Morgens vielleicht etwas weniger, abends – wenn es dunkel wird, der Schwerkranke alleine ist und vielleicht ängstlich wird – eine höhere Dosierung verabreichen. Zweitens soll dabei berücksichtigt werden, daß das Schmerzempfinden manchmal gesteigert wird durch seelische Probleme, Sorgen und Ängste. Eine verantwortbare Schmerzbekämpfung setzt in diesen Fällen einige begleitende Gespräche zur Bewältigung dieser gefühlsmäßigen Probleme voraus.

In diesem Zusammenhang kann eine dritte Form der Sterbehilfe genannt werden. Es geht dabei darum, seelisches Leiden aufzufangen. Dazu braucht man weder eine langjährige Ausbildung noch gar ein Diplom. Man braucht nicht mehr – aber auch nicht weniger! – als ein großes, warmes Herz, von dem aus man sich dem Sterbenden zuwendet und ihm im menschlichen Sinn wirklich nahe bleibt. Diese menschliche Nähe kann man durch Worte nicht ausreichend zum Ausdruck bringen; sie bedarf der non-verbalen Äußerungen, z. B. eines Händedrucks, damit der Sterbende buchstäblich fühlen kann, daß er nicht allein gelassen wird. In Ausnahmefällen kann es vorkommen, daß Schmerzbekämpfung und das Auffangen des seelischen Leidens für den Sterbenden trotz aller Bemühungen unzulänglich bleiben. In solchen Situationen kann es nützlich sein, Psychopharmaka zu verabreichen. Vorausgesetzt ist dabei aber, daß man dies nicht tut *statt* eines guten Gespräches, sondern zur Unterstützung der innerlichen Verarbeitung der Probleme oder zur Milderung des allzu schweren seelischen Leidens.

Im Hinblick auf die *Dauer* des Sterbeprozesses müssen noch zwei mögliche Formen der Sterbehilfe genannt werden. In bestimmten Fällen kann eine absichtliche Verlängerung des Sterbens eine ethisch gute Form der Sterbehilfe sein, und zwar wenn und insofern den Belangen des Sterbenden (und nicht an erster Stelle etwa der medizinischen Wissenschaft!) damit gedient ist. Schließlich, und zwar nur unter strengen ethischen und juristischen Bedingungen, können als letzte Möglichkeit auch bestimmte Formen einer absichtlichen Verkürzung des Sterbeprozesses als eine möglich vertretbare Form der Sterbehilfe in Betracht kommen. Sterbehilfe im Sinne des Beistands aus menschlicher Nähe und Euthanasie im Sinne absichtlicher Verkürzung des Sterbeprozesses (was sicher nur als eine, und zwar als letzte Form der Sterbehilfe in Betracht kommen kann) dürfen also nicht verwechselt werden.

Die Frage, wer diese Sterbehilfe leisten soll, ist leicht zu beantworten: Jeder aus der Umgebung der Sterbenden soll die Hilfe bieten, zu der er von seinen beruflichen oder anderen Fähigkeiten imstande ist.

Zuwendung ist Anfang und Vollendung menschlicher Solidarität

Bei der Besprechung der verschiedenen Formen der Sterbehilfe klang bereits an, daß die menschlichen Aspekte der Hilfe alle Aufmerksamkeit verdienen. Diese können aber nur ganzheitlich zur Geltung kommen, wenn man sich dem kranken Mitmenschen zuwendet, ihm beisteht und ihn begleitet, und zwar aus einer inneren Haltung der Solidarität.

Die *Zuwendung* zum Mitmenschen ist also im Grunde genommen der Anfang und die Vollendung menschlicher Solidarität. In diesem Zu-

25

sammenhang ist das ein relativ moderner Begriff, der heutzutage oft gebraucht, aber selten deutlich umschrieben wird. Im alltäglichen Sprachgebrauch vieler Menschen bedeutet Zuwendung zunächst eine Auszahlung, die man etwa vom Sozialamt bekommt, und zwar in den Fällen, in denen eine Person nicht imstande ist, durch eigene Arbeit das nötige Geld zu verdienen. Typisch ist, daß die Zuwendung beantragt und die Hilfsbedürftigkeit von dem, der Zuwendung bekommen möchte, nachgewiesen werden muß. Wer das kann, hat ein Anrecht auf Zuwendung. Wenn in den zwischenmenschlichen Beziehungen die Rede von Zuwendung ist, deutet das auf eine Änderung einer Einstellung dem Mitmenschen gegenüber: Von einer abgewandten oder neutralen Position geht ein Mensch auf den anderen zu oder kommt ihm entgegen. Vor dem Hintergrund dieses Begriffsinhaltes ist es begreiflich, daß Zuwendung in den helfenden Berufen sehr wichtig geworden ist und eine tiefe Bedeutung bekommen hat. In diesem Bereich heißt Zuwendung soviel wie Fürsorge: sich um jemanden kümmern und für ihn sorgen, jemanden bei seinem Namen rufen, sich dem anderen widmen und sich voll auf ihn und seine Nöte und Fragen konzentrieren. Zuwendung ist die liebevolle Antwort auf ein Bedürfnis nach wirklich menschlicher Hilfeleistung, Nähe und Geborgenheit. In diesem Sinne kann man mit

Recht behaupten, daß die Zuwendung der Ansatz zu einer menschlichen Beziehung ist und gerade als solcher einen wesentlichen Bestandteil der Mitmenschlichkeit bildet. Vor diesem Hintergrund kann man sagen, daß der einzelne Mensch einen moralischen Anspruch auf die Solidarität des anderen, und deshalb auf seine Zuwendung, hat. Wenn es sich um Zuwendung im Sinne einer Auszahlung handelt, muß der Antragsteller nachweisen, daß er hilfsbedürftig ist. Wenn es sich um die Zuwendung im echt menschlichen Sinne handelt, bedarf diese keines Beweises. Der hilfsbedürftige Mensch ist einfach da und bildet allein schon in seiner Hilflosigkeit einen Appell an die grundsätzliche Aufgabe des Menschen zur Verwirklichung der Mitmenschlichkeit und Solidarität.

Sich zum Sterbenden gesellen und ihn auf dem letzten Weg begleiten

Beistand für Sterbende fordert zunächst einmal, daß der Helfer den Mut hat, mit dem Schwerkranken über all das zu reden, worüber der Sterbende mit ihm sprechen will. Dazu gehören besonders die Gefühle der Unsicherheit, Angst, Auflehnung, Traurigkeit, Hoffnung und Vereinsamung, der er allein überhaupt nicht oder nur sehr mühsam verarbeiten kann. Weil diese Ge-

27

spräche nicht selten schwierig oder sogar bedrohlich für den Helfer sind, ist er fast unbewußt dazu geneigt, sich ein wenig abzusichern. Das ist vergleichbar mit vielen anderen Gesprächen: Wenn ein Mensch sich mehr oder weniger fürchtet, daß bestimmte Themen, über die er nicht sprechen will oder kann, durch seinen Gesprächspartner angesprochen werden könnten, sorgt er dafür, daß er selbst das Gespräch und die Gesprächsthemen „fest in seiner Hand hält". In den Gesprächen mit Sterbenden passiert oft das gleiche: Wenn ein Helfer sich fürchtet, daß er bestimmte Probleme oder Fragen nicht meistern kann, neigt er unbewußt dazu, selbst die Gesprächsthemen zu bestimmen und bedrohliche Fragen mit klischeehaften – und deshalb unpersönlichen – Ausdrucksweisen zu beantworten. Es liegt auf der Hand, daß man damit nur die Vereinsamung des Sterbenden in seiner Not fördert.

Sterbebeistand beinhaltet zweitens, daß man im Rahmen solch ehrlicher Gespräche auch die Wahrheit über den weiteren Verlauf der Krankheit zur Sprache kommen läßt, wenn und insofern dem Kranken damit geholfen ist. Der Helfer darf normalerweise das Gespräch über den kommenden Tod nur dann angehen, wenn er ein Stück Wegs mit dem Kranken mitgegangen ist und deshalb auch erahnen kann, wo der Kranke gefühlsmäßig ist. Es handelt sich also nicht um

eine Wahrheitsvermittlung schlechthin, sondern vielmehr um die Besprechung des vom
Kranken schon vermuteten Wissens um den fa-
talen Verlauf seiner Krankheit. Wenn man das
Bedürfnis des Kranken ernst nimmt und als
Norm dieses Gespräches betrachtet, ist die Frage: „Darf man einem Kranken alle Hoffnung
nehmen?" im Grunde nicht mehr zutreffend.
Der Kranke wird seinem Gesprächspartner
schon signalisieren, welche Hoffnung er vorläufig behalten will.

Sterbebeistand fordert schließlich, daß man
eine Beziehung zum Kranken herstellt, die solche
Gespräche ermöglicht. Diese Aufgabe stellt hohe
Anforderungen an den Helfer. Er muß den Mut
haben, sich auf einen Weg einzulassen, obwohl er
nicht von vornherein weiß, wo dieser enden wird.
Er muß den Mut haben, sich von dem Sterbenden
führen zu lassen, gerade um den Sterbenden begleiten zu können. Zusammenfassend kann man
sagen: Sterbebeistand zu leisten bedeutet, sich zu
dem Sterbenden zu gesellen und ihn auf seinem
Weg zu seinem Tode zu begleiten.

Wer soll den Beistand leisten?

Die Antwort auf die Frage, *wer* denn Sterbebeistand leisten soll, ist im Grunde genommen
ganz einfach: derjenige, der vom Sterbenden da-

nach gefragt und dazu gebeten wird. Selbstverständlich werden die meisten Sterbenden diese Bitte nicht ausdrücklich stellen. Sie werden es aber zweifellos deutlich machen. Ein Sterbender kann z. B. bei einer bestimmten Person aus seiner Umgebung öfter ganz persönliche Angelegenheiten zur Sprache bringen. Es ist dann die Aufgabe eines jeden Menschen, der in der Nähe eines Sterbenden verbleibt, ein solches Signal des Sterbenden zu verstehen.

Es bedarf keines Beweises, daß Zusammenarbeit im Sinne von Informationsaustausch, Absprachen darüber, wer was tun soll, gegenseitige Unterstützung der Angehörigen und Helfer also, unbedingt notwendig ist. Zusammenarbeit ist nicht nur nötig in den Belangen des Sterbenden und seiner Angehörigen, sondern ebenso zur Unterstützung der Helfer, die sich manchmal – trotz ihres guten Willens – sehr hilflos fühlen.

Wenn sich der Helfer hilflos fühlt

Für jede Begleitung gilt, daß sie *ein zwischenmenschliches Geschehen* ist. Hilfesuchende und Helfer bestimmen darin gegenseitig ihre Identität, ihre gegenseitigen Erwartungsvorstellungen und ihre Rolle. Deshalb können die Rollen auch ab und zu wechseln. Das heißt, daß der Helfer ab und zu derjenige wird, der Hilfe braucht und

empfängt. Weil der Sterbende – ausdrücklich
oder unausdrücklich – um eine Antwort auf die
letzten Fragen nach dem Sinn des Lebens, Leidens
und Sterbens ringt, und damit selbst als Person in
Frage steht, wird auch der Helfer, der ihm in diesen Bemühungen nahe zu sein versucht, in Frage
gestellt. Auch Sterbebeistand ist ein zwischenmenschliches Geschehen zwischen dem Sterbenden und einer oder mehreren Personen aus
seiner Umgebung. Gerade dieses zwischenmenschliche Geschehen bildet für den Helfer
einerseits die Kraftquelle, um seine Aufgabe zu
erfüllen, anderseits aber gleichzeitig die Erklärung für die Tatsache, daß der Helfer sich
manchmal hilflos fühlt. Ich habe das erst richtig
verstanden und zutiefst erlebt in einem langen
Gespräch mit einer jungen Frau, die wußte, daß
sie bald sterben würde. Sie hatte den Kampf gegen den kommenden Tod aufgegeben; sie tat
sich aber sehr schwer damit, diese unumgängli-
che Realität anzunehmen. Ich versuchte, sie zu
unterstützen bei der Suche nach einem Anhalts-
punkt, mit Hilfe dessen eine Bejahung für sie
möglich werden konnte. Nachdem es eine Weile
stille war, hat sie das Gespräch wieder fortge-
setzt, und zwar indem sie – für mich völlig unerwartet – die Frage stellte: *„Hast du eigentlich
bejaht, daß ich jetzt sterben muß?"* Ich mußte
ehrlich zugestehen: „Nein, ich habe es auch
noch nicht bejaht." Dieses Geständnis schuf

31

eine tiefe Verbundenheit in der gleichen Ohnmacht, aber zugleich bot es einen neuen Ausgangspunkt, die bevorstehenden Schwierigkeiten in der Tat zusammen anzugehen. Die Tatsache, daß wir uns seit langen Jahren kannten,
machte die Bejahung für mich als Helfer schwieriger als in vielen anderen Fällen. Es bleibt aber:
In allen Beziehungen zwischen Sterbenden und
ihren Helfern wird die Person des Helfers, wird
seine eigene Haltung gegenüber Lebens- und
Sterbeproblemen mit angesprochen. Jeder Helfer
wird seine goldene Mitte finden müssen zwischen den Fähigkeiten zum Helfen einerseits
und seinem persönlichen Engagement anderseits. In dem Bereich des Engagements wird der
Helfer sich außerdem in dem Spannungsfeld
zwischen dem gefühlsmäßigen Nahesein und
dem Abstand zurechtfinden müssen, den er
braucht, um überhaupt helfen zu können. (Aus-
führlicher in: P. Sporken, Hast du denn bejaht,
daß ich sterben muß? Düsseldorf 1981.)

Es gibt verschiedene andere Bereiche, mit denen Sterbende und ihre Helfer sich schwertun.
Man denke z. B. an die Art und die Dauer be-
stimmter Sterbeprozesse, die gefühlsmäßig sehr
belastend sein können. Manchmal werden Helfer auch unvorbereitet mit Sterbenden und ihren
Problemen konfrontiert. Die Hilflosigkeit der
Helfer wird aber durchaus am besten spürbar in
den Gesprächen mit den Sterbenden.

Was die Gespräche schwierig macht

Familienangehörige, Freunde und professionelle Helfer werden durch die Lage, in der der Sterbende sich befindet, gerührt. Sie möchten so gerne „etwas Gutes" sagen oder „etwas, mit dem der Sterbende wieder ein Stück weiter kommt". Aber gerade dazu fühlen sie sich nicht imstande. Woher kommt diese Ohnmacht? Und was könnte man tun, um sie zu überwinden?

Es ist leicht, eine Vielzahl von Ursachen zu nennen, die Gespräche sehr schwierig machen können: Manche Helfer fürchten sich überhaupt davor, weil sie sich dazu weder fähig fühlen noch dazu ausgebildet sind. (Ärzte und Pflegepersonen werden primär ausgebildet, um praktische Hilfe zu leisten, und nicht so sehr, um Gespräche über menschliche Probleme zu führen.) Manche fühlen sich unfähig, die angesprochene Problematik zu besprechen. Viele Helfer ringen um die Schwierigkeit, überhaupt etwas Sinnvolles auszusagen über Fragen nach dem Sinn des Lebens und des Sterbens. Außerdem weiß man sich oft keinen Rat für die (bisweilen sehr heftigen) Gefühlsäußerungen eines Schwerkranken. Oder man kommt gerade mit dem Stillschweigen anderer nicht zurecht. Manche Helfer tun sich schwer mit der eigenen Haltung gegenüber Leiden und Sterben und kämpfen mit den eigenen, noch nicht verarbeiteten Gefühlen auf diesem

Gebiet. Schließlich: „Etwas Gutes sagen" auf eine verbale oder non-verbale Äußerung eines Sterbenden, das setzt voraus, daß wir äußerst sorgfältig zugehört haben.

Probleme und Chancen des Zuhörens

Dieses Zuhören bildet wahrscheinlich eine der größten Schwierigkeiten im Hinblick auf die Gespräche. Ich möchte einige von diesen alltäglichen Problemen auf praxisbezogene Art behandeln.

Zuhören setzt zunächst einmal voraus, daß der Helfer von seinem Inneren her bereit ist, *in der Tat* zuzuhören, d. h. sein Herz zu öffnen für die Äußerungen der Kranken. Die Bereitschaft allein genügt aber nicht. Wenn der Helfer unter Zeitdruck steht, wenn er selbst mit schwierigen Problemen kämpft, wenn er sich durch die angesprochene Thematik überfordert fühlt, besteht die Gefahr, daß der Helfer die Äußerungen des Sterbenden überhört, falsch versteht oder interpretiert. Das kann dann wiederum Anlaß zur Flucht in Klischees werden, z. B.: „Ach, nach Regen kommt Sonnenschein", „Sie werden das schon schaffen" usw. Manchmal kann es sogar Anlaß werden, die Äußerungen des Sterbenden zu korrigieren. Ich will das mit einem Beispiel verdeutlichen. Ein Sterbender, der weiß, daß es bald zu Ende gehen wird, hat trotz aller Bemühungen viel Schmerzen und fühlt sich elend. Er wendet sich an einen Arzt oder an eine Pflegeperson und sagt: „Es hat doch alles keinen Sinn mehr. Geben sie mir bitte eine Spritze, damit alles etwas schneller zu Ende geht." Die Gefahr ist groß, daß der angesprochene Helfer etwa folgendermaßen reagiert: „Komm, komm, so dürfen Sie nicht reden . . ." Diese Korrektur kann zunächst einmal bedeuten, daß der Helfer sich davor fürchtet, diese Frage zu beantworten. Die Korrektur kann aber auch bedeuten, daß der Helfer die eigentliche Frage überhaupt nicht verstanden hat. Möglicherweise will der Sterbende auf diese Art nur zum Ausdruck bringen, wie elend er sich fühlt. Ein wirkliches Zuhören hätte zu einer anderen Reaktion geführt, z. B. in diesem Sinn: „Ich habe den Eindruck, daß Sie sich mit Ihrer Lage sehr schwertun; was bedrückt Sie eigentlich am meisten? Ich möchte Ihnen, wenn nur irgend möglich, gerne helfen."

In anderen Fällen blockiert der Helfer selbst seine Möglichkeiten zum Zuhören, weil er sich mit seiner eigenen Haltung keinen Rat weiß. Zum Beispiel, wenn wir einen Schwerstkranken mutlos und weinend von Traurigkeit antreffen, liegt die Versuchung nahe, dem Sterbenden zu sagen: „Sie müssen nicht weinen: Ein Mensch darf nie den Mut aufgeben." Auch diese Art des Reagierens blockiert den Sterbenden in der

Äußerung seiner Gefühle. Und sie hindert den Helfer, weiter zuzuhören, warum der Sterbende so traurig ist. Damit verspielt der Helfer seine Chance, helfen zu können. Die Äußerung der Klage ist die Voraussetzung, Leid innerlich zu verarbeiten.

In anderen Fällen ist der Helfer zwar darum bemüht, dem Sterbenden wirklich zuzuhören, wird dabei aber gehemmt durch die Tatsache, daß er inzwischen fast fieberhaft nach irgend etwas Gutem sucht, das er dem Sterbenden sagen könne, damit dieser wieder ein Stück weiter kann. Daß dies nicht richtig ist, habe ich in einem Gespräch mit einem vierzigjährigen Mann, verheiratet und Vater zweier lieber Kinder, empfunden. Er hatte morgens vom Chirurgen gehört, daß er nur noch sehr kurze Zeit zu leben habe. Ich wurde gebeten, zu ihm zu gehen und zu versuchen, ihm irgendwie zu helfen. Ich bin zu ihm gegangen, voll und ganz konzentriert auf die Frage, mit welchem guten Wort oder welcher menschlicher Geste ich ihm wohltun konnte. Und in dieser Absicht sprach ich dann auch mit ihm. Das Gespräch scheiterte völlig, durch meine Schuld. Er fing an zu weinen – aus Auflehnung und Traurigkeit, aus Ohnmacht und aus Sorge um Frau und Kinder. Bevor ich wußte, was mit mir geschah, weinte ich mit ihm. Als er das bemerkte, erschrak er – er fing dann sofort an, mir zu helfen, damit ich aus meiner Ohnmacht,

Hilflosigkeit, Auflehnung und Traurigkeit herauskommen konnte. Von dem Moment an, wo ich in der Tat zugestehen konnte, wie hilflos ich als Helfer eigentlich war, war es mir möglich, mit ihm und seiner Frau zusammen das letzte Stück seines Sterbeweges zu gehen. Ein Gespräch mit einem Menschen, der um letzte Existenzfragen ringt, fordert, daß der Helfer wirklich zuhört. Und zwar ohne dabei nachzudenken, was er wohl antworten könne. Wenn der Helfer es wagt, sozusagen 95% des Gespräches zuzuhören, und er muß dann letzten Endes doch etwas sagen, dann wird ihn wohl sein Herz zu einer angemessenen Antwort inspirieren.

Zuhören kann nicht unverbindlich bleiben

Wenn man über die Schwierigkeiten beim Zuhören weiter nachdenkt, drängt sich der folgende Gedanke auf: Die größte Schwierigkeit liegt vielleicht darin, daß Zuhören keine unverbindliche Angelegenheit ist, sondern Folgen mit sich bringt. Zuhören bedeutet auch, dem anderen Menschen Beachtung zu schenken und sich nach dem zu richten, was er sagt. Im alttestamentlichen Sprachgebrauch gibt es für das Verhältnis vom Menschen zu Gott in dieser Hinsicht nur ein Wort (sjamah), das sowohl „hören" als „gehorchen" bedeutet. Gott zuhören meint schon:

ihm gehorchen. Im Dialekt meiner Heimat ist das auch der Fall. Wenn man da sagt: „Der Junge hört nicht", kann damit gemeint sein, daß etwas mit seinen Ohren nicht in Ordnung ist, aber auch, daß er nicht gehorcht. Vor diesem Hintergrund kann man behaupten: einem Kranken zuhören setzt voraus, daß der Helfer bereit ist, die Konsequenzen auf sich zu nehmen und sich von dem, was er gehört hat, leiten zu lassen. Es ist begreiflich, daß dadurch bei manchem Helfer Hemmungen auftreten, weil er sich (mehr oder weniger unbewußt) davor fürchtet, in ein Problemfeld zu geraten, in dem er sich unsicher und überfordert fühlt. Dies gilt besonders, wenn es sich um die letzten, fundamentalen Fragen nach dem Sinn des Leidens und des Sterbens handelt.

Schicksalsgenossen einer gemeinsamen Ohnmacht

Es ist klar, daß dem Helfer nicht geholfen wäre, wenn man ihm sagen würde: „Sie sollten keine Angst haben, reden Sie ruhig weiter; es wird alles gutgehen!" Persönlich bin ich der Meinung, daß ein Helfer seine Hilflosigkeit nur dann überwinden kann, wenn er sie zugesteht. Ich meine damit folgendes: Unterstellen wir, daß ein Schwerstkranker einem Helfer (Arzt, Pflegeperson) völlig unerwartet die Frage stellt: „Muß ich bald sterben?" Der Helfer weiß, daß der Kranke nur noch ein paar Wochen leben wird. Er wird von der Frage überrascht, fühlt sich verunsichert und weiß nicht, ob er ja oder nein sagen muß. Anderseits will er sich nicht mit irgendeinem Klischee herausreden. Der Sterbende wird inzwischen zweifellos die Unsicherheit gespürt haben, denn Sterbende sind in dieser Hinsicht bekanntlich sehr sensibel und können scharf beobachten. Das Beste, was ein Helfer in einer solchen Situation tun kann, ist m. E.: sein Gefühl des Überraschtseins aussprechen, etwa im folgenden Sinn: „Sie überraschen mich mit dieser Frage. Wie kommen Sie denn dazu? Machen Sie sich Sorgen darüber?" Das ist ohne Zweifel die ehrlichste Antwort. Außerdem ist damit zugleich dem Kranken am meisten geholfen, weil der Helfer dann entdecken kann, was die menschliche Bedeutung der Frage ist und wo der Kranke sich gefühlsmäßig befindet.

Aber, so könnte man weiter fragen, welche Hilfe kann man dem Sterbenden denn anbieten, wenn das Gespräch weiter geht, und der Sterbende die letzten Fragen nach dem Sinn des ganzen Geschehens anspricht? Wer auf diesem Gebiet helfen will, muß zunächst einmal zugestehen, daß er mit leeren Händen dasteht, eben weil die Antwort auf die höchst individuelle Frage dieses Einzelmenschen nicht vorgegeben ist: weder in der Theologie oder Philosophie noch in der Bibel. Wenn ein chronisch Kranker, ein Sterbender oder eine Person, die einen Selbstmordversuch gemacht hat und durch Reanimation ins Leben zurückgeholt wurde, die Frage nach dem Sinn des noch verbleibenden Lebens stellt, hat kein Helfer eine wirksame Antwort zur Hand. Wenn zum Beispiel eine 32jährige Frau, Mutter von drei Kindern, fragt, warum sie denn jetzt an Krebs sterben muß, kann kein Helfer eine vorgefertigte Antwort parat haben. Er darf und muß eben zugestehen, daß er es in dem Moment auch nicht weiß, aber daß er bereit ist, bei der Sterbenden zu bleiben und mit ihr zusammen nach einer Antwort zu suchen. Das bedeutet, daß der Helfer in einem solchen Moment keine tatkräftige Antwort, sondern nur sich selbst anzubieten hat. Darin liegt das wahrhaft Menschliche, aber zugleich das Bedrohende dieses zwischenmenschlichen Geschehens. Zum Schicksalsgenossen geworden in der gemeinsamen Ohnmacht zur Lösung der fundamentalen Lebensfragen, kann der Helfer auch sich selbst in Frage stellen und sich mit dem Hilfsbedürftigen auf den Weg machen. Unterwegs können sie in ihrem gemeinsamen Suchen Bundesgenossen werden. Indem sie unterwegs und im Gespräch sind, kann der Begleiter auch einmal seine eigenen Gedanken und Gefühle bezüglich der existentiellen Fragen zur Sprache bringen. In diesem

Falle bilden diese Aussagen aber keine „von draußen" angebotene Beratung, sondern einen schöpferischen Beitrag im Rahmen einer ganz persönlichen Begegnung. Das wichtigste ist und bleibt, daß der Sterbende nicht vereinsamt, sondern die Nähe einer oder mehrerer Bezugspersonen erfährt, damit er imstande ist, seinen Weg zu seinem Lebensende zurückzulegen. Diese Solidarität und unterstützende Verbundenheit mit dem Sterbenden darf dann mit Recht Sterbebeistand genannt werden.

Begleiten heißt: die zweite Partie spielen

Hilfe im Sinne von Begleitung eines hilfsbedürftigen Mitmenschen besteht darin, daß der Helfer sich zu diesem Mitmenschen gesellt, ihm so nahe und behilflich ist, daß dieser sich mit seinen Problemen auseinandersetzen und seine Lösung für seine Lebens- und Sterbefrage finden kann. Wir haben schon erwähnt, wie schwierig die Fragen um den Sinn des Lebens und des Sterbens sein können. Manchmal werden so hohe Anforderungen an den Begleiter gestellt, daß es ihm bange ums Herz wird und er sich fürchtet, diese Aufgabe auf sich zu nehmen. Trotzdem bin ich der Überzeugung, daß wir das Wagnis der Begleitung angehen können, und zwar aus den zwei folgenden Gründen.

Bei der Begleitung handelt es sich letzten Endes nicht um die erworbenen Erkenntnisse und die gelernten Fähigkeiten, sondern um die Bereitschaft, sich in echter Solidarität zu dem Mitmenschen zu gesellen, der um den Sinn seines Lebens oder Sterbens ringt.

Ferner wird vom Begleiter nicht erwartet, daß er auf alle Fragen eine tatkräftige Antwort geben kann. Begleitung bedeutet etwas anderes. Die beste Definition von dem, was Begleitung eigentlich ist, kam mir in den Sinn, als ich mir vor einiger Zeit noch einmal eine Schallplatte von dem Flötisten George Zamfir anhörte. Er wird von dem Organisten Marcel Cellier begleitet, der selbst ein ausgezeichneter Fachmann ist. Wenn man aber etwas genauer zuhört, bemerkt man, daß der Organist dem Flötisten nur behutsam zögernd und tastend folgt. Das ist gerade seine Aufgabe, weil begleiten im musikalischen Bereich bedeutet: die zweite Partie spielen oder einen Solisten *so* unterstützen, daß die eigentliche Melodie besser und schöner zur Geltung kommt. Damit ist auf eine eindringliche Art die Aufgabe des Begleiters beschrieben. Diese Umschreibung bietet uns einen festen Boden für das Vertrauen, daß wir das Wagnis der Begleitung eines Menschen auf uns nehmen können. Der Begleiter muß zwar einigermaßen „spielen" können, aber es ist und bleibt seine Aufgabe, die zweite Partie zu spielen, zur Unterstützung der eigentlichen

Partie, die vom Hilfesuchenden gespielt wird. Vor diesem Hintergrund darf man vielleicht sogar sagen: Von dem Moment an, wo ein Begleiter anfangen würde, „die erste Geige" zu spielen, hörte er auf, ein wahrhafter Begleiter zu sein. Ich bin mir dessen bewußt, daß ein Begleiter einigermaßen „spielen" können muß, d. h. die Fähigkeiten zum Zuhören, zur Gesprächsführung usw. einigermaßen beherrschen muß. Es bleibt aber seine Aufgabe, sich selbst nicht in den Vordergrund zu stellen, denn es handelt sich letzten Endes um das Wohl und Wehe des Sterbenden.

Sterben ist und bleibt ein alltägliches Geschehen in dem Sinne, daß es wesentlich zum Leben gehört und jeden Tag Menschen sterben. Sterbebeistand ist und bleibt ein zwischenmenschliches Geschehen, das sich zwischen dem Sterbenden und einer oder mehreren Personen aus seiner Umgebung abspielt. Es muß doch möglich sein, daß „gewöhnliche" Helfer und „gewöhnliche" Menschen aus einer Haltung der Solidarität heraus dem Sterbenden in diesem Geschehen mit einem warmen Herzen nahe sind.

II. Sterben im Krankenhaus

von Markus von Lutterotti

Man muß differenzieren

Wenn vom Sterben im Krankenhaus gesprochen wird, so verbindet man damit in aller Regel negative Erfahrungen und Eindrücke. Man denkt etwa an den sterbenden Kranken, der in das sprichwörtliche Badezimmer abgeschoben wird und um den sich niemand kümmert. Man denkt an moderne, durchtechnisierte Großkliniken, in denen ja auch der normale, nicht unbedingt todkranke Patient nur eine Nummer im großen Räderwerk ist. Wie sollte aber, so könnte man sich die Argumentation einer modernen Klinik vorstellen, wie sollte in diesem großen Apparat, in dem alles auf Bekämpfung von Krankheiten ausgerichtet ist, jemand noch Zeit finden für den aussichtslosen Fall? Ist der Sterbende, dem man sowieso nicht mehr helfen kann, nicht notwendigerweise für die medizinische Wissenschaft ein störender Faktor, der eigentlich aus dem Fließband der Heilungsmaschinerie aussortiert gehört?

Nun aber eine andere Situation: Ein 50jähriger Arzt erkrankt an einem Hirntumor. Er wird operiert, es bilden sich Metastasen und an der infausten Prognose haben er und die Angehörigen keinen Zweifel. Aber man beschließt, er solle auf jeden Fall zu Hause bleiben und zu Hause sterben. Indessen erweist sich die häusliche Pflege als zunehmend schwieriger. Die Ehefrau ist berufstätig, die Kinder sind entweder in der Ausbildung oder gehen noch zur Schule. Schließlich sieht der Kranke selbst, daß seine Familie überfordert ist, und er ist mit der Einweisung in ein Krankenhaus einverstanden. Er findet Aufnahme in einem konfessionellen Krankenhaus, wo er liebevoll betreut und gepflegt wird. Die Ehefrau und die Kinder können jederzeit kommen und auch die Nacht dort verbringen, wenn sie es so wollen. Der Kranke stirbt dann friedlich und schmerzlos, seine Angehörigen sind bei ihm.

Wir müssen die Lage nüchtern sehen: Was früher auf dem Lande, in der Großfamilie selbstverständlich war, daß der Kranke von der Familie bis zu seinem Tod gepflegt wurde, ist heute in einer beengten Wohnung, in einer Kleinfamilie, oft schlechterdings nicht mehr möglich. Wie soll etwa die altgewordene und schon hinfällige Ehefrau ihren alten kranken Mann noch pflegen und versorgen können, wenn sie sich selbst kaum noch helfen kann und niemand zur Hilfe da ist? Es ist nicht erforderlich für ähnliche Situationen weitere Beispiele anzuführen, denn jeder kennt sie. Sehr häufig gibt es gar keinen anderen Ausweg als die Einlieferung in ein Krankenhaus, wenn die Familie die Fähigkeit zur Pflege verloren hat; daß auch die Bereitschaft dazu mitunter fehlt, ist eine andere Sache. Wie dem auch immer sei, die Mehrzahl aller Menschen stirbt heute im Krankenhaus, jedenfalls in der westlichen Welt. Für den Kranken aber, der in das Krankenhaus eingeliefert wird, hängt alles davon ab, welcher Art diese Institution ist und welche Einstellung ihm gegenüber die Menschen darin haben.

Gerade die Sterbenden brauchen die mitmenschliche Teilnahme

Zu keinem Zeitpunkt seines Lebens ist der Mensch so sehr auf seine Einsamkeit zurückgeworfen wie gerade im Sterben, niemals sonst ist er so allein mit seinen Ängsten, mit seinen Gedanken, mit der Auseinandersetzung um den Sinn seines Lebens, und zu keinem anderen Zeitpunkt seines Lebens kann er so dankbar für menschliche Teilnahme und Nähe sein. Freilich wissen wir, daß nicht jeder Kranke seine letzte Zeit in der gleichen Weise miterlebt. Der Kranke mit cerebrovasculärer Insuffizienz, etwa nach einem Schlaganfall, wird seine letzte Zeit oft nur

47

mehr oder minder in einem Dämmerzustand verbringen; Wahrnehmungsvermögen und vielleicht auch Leidensfähigkeit sind eingeschränkt. Aber man darf sich nicht täuschen: Auch diese Kranken hören und verstehen oft mehr, als man annimmt, und Gespräche, die am Bett solcher Kranken geführt werden, sollten stets berücksichtigen, daß wir immer noch ein Subjekt und nicht ein Objekt vor uns haben. Allzuleicht wird dies in der täglichen Routine der Arbeit am Krankenbett vergessen. Daß Kranke auch in halbbewußtem Zustand die menschliche Teilnahme nicht nur wahrnehmen, sondern auch ihrer bedürfen, wissen wir aus manchen Erfahrungen und Berichten. Alle Kranken, wenn sie nicht tief bewußtlos sind, haben in ihrer letzten Zeit mitmenschliche Teilnahme nötiger als jemals in ihrem Leben. Und je bewußter sie ihre letzten Tage erleben, desto mehr brauchen sie diese Hilfe. Das eigentliche Sterben vollzieht sich dann schmerzlos und ohne Angst, der Kranke ist uns und der Mitwelt entrückt. Es ist die Zeit vorher, oft bis unmittelbar vorher, in der uns der Kranke braucht. Und wie steht es damit im Krankenhaus?

Die Situation der Kranken auf den Intensiv-Stationen

Die beiden eingangs erwähnten Beispiele haben schon gezeigt, daß man differenzieren muß, daß es auf die Art des Krankenhauses ankommt, auf die Größe, auf den Geist, der darin herrscht. Ein besonderes Problem, und dies gilt für die meisten Krankenhäuser, stellen aber sehr oft die Intensiv-Abteilungen dar, und zwar aus vielerlei Gründen. Nirgendwo sonst werden uns die Probleme der modernen Medizin so akut und offensichtlich bewußt, wie gerade auf einer Intensiv-Abteilung. Dies gilt für alle Schwerkranken, die dort liegen, und besonders natürlich auch für die Sterbenden. Die Situation des Kranken auf einer Intensiv-Abteilung ist gerade in der letzten Zeit immer wieder beschrieben und immer wieder kritisiert worden. Der Kranke liegt inmitten von Apparaten, die ihn überwachen, zahlreiche Schläuche führen in ihn hinein und zum Teil aus ihm heraus, es ist eine beängstigende Atmosphäre von Technik, die ihn umgibt. Wenn sich die Ärzte um sein Bett versammeln, so interessieren vor allem die Befunde, die Befunde des Labors, die Blutgase, der Venendruck, die Temperatur, das EKG usw. Die Befunde werden von den Ärzten diskutiert, was zweifellos notwendig ist. Es wird an dieser oder jener Schraube gedreht, es werden Anordnungen getroffen, Medikamente geändert. Und inmitten dieser ganzen Veranstaltung der Kranke, der von allem nichts versteht, der sich schlecht fühlt, verängstigt, aber zum Fragen oft zu schwach ist. Fragt ihn vielleicht einer der anwesenden Ärzte nach seinem Befinden? Natürlich kommt dies vor, aber es ist durchaus nicht die Regel. Befunde scheinen sehr oft wichtiger als Befinden. Und die Schwestern? Gewiß gibt es mitfühlende und teilnehmende Schwestern, aber sie sind so beschäftigt, damit alles richtig funktioniert, sie sind so von der Überwachung der Technik in Anspruch genommen, daß für den Kranken selbst, für ihn als Mensch, als Person, kaum Zeit bleibt. Und natürlich, die tägliche Arbeitsroutine stumpft auch ab, zumal wenn man jeden Tag nur Schwerkranke sieht, die oft gar nicht so richtig bei Bewußtsein scheinen oder zumindest den Eindruck erwecken, sie hätten zum Sprechen keine Lust. Dabei haben sie sich oft nur verängstigt in sich selbst zurückgezogen.

Es ist, wenn man es auf einen Nenner bringen will, die oft unmenschliche Atmosphäre von Großkliniken, die der modernen Medizin den Vorwurf der Sprachlosigkeit dem Patienten gegenüber eingebracht hat, die den Lebenden ängstigt und die für den Sterbenden fürchten läßt. Neben dieser sterilen Atmosphäre ist es die Durchtechnisierung, wie sie auf Intensiv-Abteilungen ihre Vollendung gefunden hat, die den

Laien verschreckt. Denn der Kranke muß befürchten, nur noch Objekt dieser hochentwickelten Wissenschaft zu sein und nicht mehr mitmenschlicher Partner eines Arztes, an den er sich wenden kann und der Hilfe bietet.

Einige Ursachen für die Sprachlosigkeit der medizinischen Wissenschaft

Es ist letztlich die Sprachlosigkeit der medizinischen Wissenschaft, die der Kranke fürchtet und der man einen Sterbenden nicht gerne anvertrauen möchte. Wenn wir nach Abhilfe suchen, so sollte vorher versucht werden, einigen Ursachen dieser modernen Sprachlosigkeit nachzugehen, damit wir wissen, wo wir anpacken sollen. Wie ist es zu dieser immer mehr beklagten Sprachlosigkeit gekommen?

Die Entwicklung dazu reicht eigentlich weit zurück. Der existentielle Anspruch an den Arzt als an einen universellen Nothelfer ist so richtig zuletzt bei Paracelsus gestellt worden (Schipperges). Bei Descartes (1632) erscheint aber schon eine Reduzierung auf den modernen naturwissenschaftlichen Operationalismus, in dem Körper und Seele streng getrennt und jede für sich beschrieben werden. Man kann bei Descartes den Ausgangspunkt jener Trennung von Natur- und Geisteswissenschaften sehen, die die ganzen folgenden Jahrhunderte bis zur Wende des 20. Jahrhunderts beherrschte. Die Medizin war in den letzten Jahrhunderten vor allem naturwissenschaftlich orientiert. Das hat freilich zu vielen unbestreitbaren Erfolgen geführt. Aber es führte auch zur Versuchung, die Medizin nur oder fast ausschließlich unter rein biologisch-naturwissenschaftlichen Aspekten zu betrachten. Immer mehr löste sich die Medizin von ihrem Getragensein durch religiöse und philosophische Vorstellungen. Erst mit der Jahrhundertwende zeigten sich wieder verstärkte Tendenzen, den Menschen als Einheit, als Person zu betrachten, das geistige Element schien wieder als gleichberechtigter Partner in die bisher rein naturwissenschaftlich orientierte Medizin eingeführt zu werden. Die Entwicklung schien hoffnungsvoll, und sie schien auf eine Synthese zwischen Natur und Geist, Begrenzung und Sinn hin zu arbeiten.

Und dann brach um die Mitte dieses Jahrhunderts jene technische und wissenschaftliche Revolution über uns herein, die nicht nur den ganzen Bereich der Medizin, sondern geradezu das Antlitz unserer Erde veränderte. Freilich hatte man zunächst das Gefühl, daß es sich um entlastende Techniken handle als „Dienst für das Wohlergehen der Menschheit" wie es die Technik in ihrer Selbstdeutung ausdrückte. Aber prüfen wir, wie es sich damit verhält.

Wenn man die Medizin für sich betrachtet, zunächst ohne Bezug auf ihr Objekt, den kranken Menschen, so sind es vor allem zwei große Veränderungen, die nach der Mitte dieses Jahrhunderts deutlich geworden sind. Die eine ist die zunehmende Spezialisierung in viele Unterspezialitäten, erforderlich gemacht durch die Zunahme des Wissens. Die andere ist der Einzug der Mikroelektronik, der Computer in die Medizin.

Der kranke Mensch und die vielen Spezialisten

Die zunehmende Spezialisierung ist mit der Zunahme des Wissensstoffes eigentlich zwangsläufig erforderlich geworden. Wenn es im Mittelalter noch möglich war, das gesamte Gebiet des verfügbaren Wissens zu überblicken, weil dieses Gebiet eben noch nicht sehr ausgedehnt war, so ist es heute z. B. für einen Internisten oder Chirurgen völlig unmöglich, sein gesamtes Fachgebiet zu beherrschen. Die Wissensmenge ist so groß geworden, daß sie die Kapazität eines einzelnen Gehirnes schlicht und einfach übersteigt. So etwa wurde das Gebiet der Inneren Medizin in Unterspezialitäten fraktioniert, wie Hämatologie, Gastroenterologie, Nephrologie, Cardiologie usw. Ein Fachmann wird auf seine begrenzten Gebiete sehr gründliche Kenntnisse erwerben, vom Nachbargebiet weiß er meist nicht mehr viel; dies ist auch kaum möglich, denn er ist voll damit beschäftigt, in seiner Spezialität mit allem Neuen Schritt zu halten. Ein Nierenfachmann etwa weiß natürlich unvergleichlich viel mehr über die Niere als etwa ein Lungenfachmann, und ähnlich ist es bei den anderen Fachdisziplinen. Aber, und das ist die andere Seite, der Mensch besteht nicht nur aus Nieren oder aus Lungen und sonstigen Organen. Sehr oft ist es doch so, daß der Patient nicht nur irgendeine bestimmte Erkrankung eines Organs hat, sondern daß er eben krank ist. Und wie ist es dann mit dem Nur-Fachmann? Wird er das überhaupt verstehen? Ist ihn das gelehrt worden? Wird er auch imstande sein, mit dem Kranken Gespräche zu führen, die über den engen Fachbereich hinausgehen? Wenn ein Kranker etwa an verschiedenen Organen erkrankt ist und verschiedene diagnostische Maßnahmen erforderlich sind, so kann es in der Großklinik durchaus sein, daß jedes Organ von einem anderen Fachmann behandelt und verschiedene diagnostische Maßnahmen von je verschiedenen Spezialisten vorgenommen werden. Es ist eine Art Fließbandarbeit, wo jeder Arbeiter für bestimmte Schrauben und bestimmte Handgriffe zuständig ist. Am Fließband wird schließlich ein ganzes Auto daraus, weil alles gut programmiert ist. Wer programmiert, wenn man diese Begriffe verwenden darf, aber unter den vielen Spezialisten den Patienten so, daß er am Schluß, wenn auch vielleicht nicht ganz gesund, doch irgendwie ganz ist? Und wer unter diesen vielen Spezialisten wird dafür sorgen, daß er als Person, als Mensch, menschenwürdig sterben kann, wenn es ans Sterben geht?

Technik kann menschliche Erfahrung verdrängen

Die zweite wesentliche Veränderung der Medizin, die genannt wurde, war der Einbruch der Technik in Diagnostik und Therapie und hier vor allem die Entwicklung der Mikroelektronik und der Computerwissenschaft. Computer gestalten den Aufbau von durchtechnisierten Intensiv-Pflegestationen, ermöglichen voll automatisierte Laboratorien, sind notwendig für die elektronische Datenverarbeitung in Diagnostik und Dokumentation. Die biomedizinische Technik hat sich vorgenommen, die Lösung aller biologischen Probleme mit technischen Methoden zu betreiben. Ohne Zweifel sind daraus große Hilfen für die Medizin zu erwarten. Aber dies ist nur die eine Seite. Die Technik, die eigentlich nur als Hilfsmittel gedacht war, hat auch ihre Eigengesetzlichkeit und bleibt nicht ohne Auswirkung auf den Arzt, der sie anwendet. Technik steht dem Menschen zu Diensten, sie nimmt ihn aber auch in den Dienst. An sich hat zwar der ganze Inbegriff dessen, was wir

Technik nennen, immer den Charakter einer angewandten Wissenschaft. Aber es läßt sich auch sagen: Je stärker der Anwendungsbereich rationalisiert wird, desto mehr fällt die eigentliche Übung der Urteilskraft und damit die im eigentlichen Sinne praktische Erfahrung aus. Gadamer sagt, daß die Spontaneität dessen, der von der Technik Gebrauch macht, in Wahrheit durch eben diese Technik mehr und mehr ausgeschaltet werde. Der Mensch muß sich der Sachgesetzlichkeit der Technik fügen und insofern auf Freiheit verzichten. Wer wird hier nicht an den Zauberlehrling denken. Je raffinierter die Möglichkeiten der naturwissenschaftlichen Methoden sind, desto verführerischer auch ihre Ausstrahlung. Und wir müssen hinzufügen, je mehr der Arzt, zumal der junge, der Faszination der technischen Möglichkeiten verfällt, desto schwieriger kann für ihn der Zugang zum Patienten im unvoreingenommenen Gespräch werden.

Vom Sterbenden im Krankenhaus war bisher fast mehr am Rande die Rede. Aber da gerade der Sterbende besonders unter der Sprachlosigkeit der modernen Medizin im Großkrankenhaus bedroht ist, war es erforderlich, den Ursachen dieser Sprachlosigkeit nachzugehen. Einige wurden genannt, es gibt aber noch andere, auf die hier nicht eingegangen werden kann. Nicht zuletzt wäre die zunehmende Säkularisation aller Lebensbereiche zu nennen.

Was tut not für die Patienten?

Aber wenden wir uns von diesen theoretischen Überlegungen wieder der Situation des Patienten im Krankenhaus zu.

In der „Medical Tribune" erschien kürzlich der Leserbrief eines Arztes, in dem es hieß: „Auch als Arzt und Erster-Klasse-Patient ist man, so habe ich am eigenen Leibe erfahren, der menschenfeindlichen Atmosphäre des Krankenhauses ohne Gnade und Barmherzigkeit ausgeliefert."

Wir wissen nicht, in welchem Krankenhaus er war, vermutlich in einer großen Klinik. Aber dieser Arzt hat den Finger genau auf den wunden Punkt gelegt: Es ist, wenn man es richtig betrachtet, ein Skandal, daß die Atmosphäre gerade in Krankenhäusern immer wieder als menschenfeindlich bezeichnet wird und vielleicht bezeichnet werden muß. Die Situation erscheint besonders grotesk, wenn man bedenkt, daß diese Klagen ausgerechnet in einer Zeitepoche aufgekommen sind, in welcher Psychologie und Sozialwissenschaften besonders üppig blühen.

Was also tut not? Wenn die beklagte Situation letztlich vielleicht auf eine menschenfeindliche Atmosphäre zurückzuführen ist, dann kann die Abhilfe nur darin bestehen, die Atmosphäre wieder menschenfreundlich zu machen und den Kranken noch mehr als die Krankheit in den

Mittelpunkt des Interesses zu stellen. Es ist nichts Neues, wenn betont wird, daß der Kranke und zumal der Sterbende, menschliche Zuwendung erhoffen. Er kann sie nur in einer Atmosphäre finden, die ihn menschlich annimmt und trägt. Und die Atmosphäre eines Hauses ist in erster Linie nicht etwas, was vom Architekten geschaffen wird. Es sind vielmehr die Menschen, die sie machen, jeder einzelne, sei er nun verantwortlich für ein Haus, für die Abteilung, für die Station. Wenn schon für sehr viele Kranke kaum noch eine andere Möglichkeit besteht, als im Krankenhaus zu sterben, so sollte es wenigstens menschlich und menschenwürdig erfolgen können.

Nicht nur über, sondern auch mit dem Kranken sprechen

Die Sprachlosigkeit der medizinischen Wissenschaft, der der Kranke und vor allem auch der Sterbende in vielen Krankenhäusern heute immer noch begegnet, hat ihren Niederschlag auch darin gefunden, daß die Aufklärung des Kranken oft mangelhaft war. Ärzte sprechen bei der Visite mit dem therapeutischen Team wohl über den Patienten, aber selten mit ihm. Der Kranke blieb häufig in der Ungewißheit über seinen Zustand. Wenn ihm aber vielleicht eine schwerwiegende

Diagnose mitgeteilt wurde, dann fehlte es häufig an jenen, die ihn seelisch wieder auffangen konnten. In den letzten Jahren ist nun die Forderung immer lauter geworden, den Kranken möglichst über alles aufzuklären. Dies hat natürlich auch seine Auswirkungen in Kunstfehlerprozessen wegen fehlender Aufklärung gefunden, aber davon soll jetzt nicht die Rede sein. Hier geht es darum, was man dem Kranken und vor allem auch dem Sterbenden im Krankenhaus an Wahrheit sagen soll oder zumuten kann. Die Situation ist für den Sterbenden im Krankenhaus deshalb etwas anders als für jenen, der zu Hause sterben darf, weil der Kranke im Krankenhaus mehr oder minder den ganzen Tag von der medizinischen Wissenschaft in ihren verschiedenartigen Darstellungsformen und Erscheinungen umgeben ist und Fragen über Diagnose und Prognose sozusagen immer in der Luft liegen. So wird auch der Arzt im Krankenhaus dem Kranken und Sterbenden gegenüber viel intensiver vor die Frage gestellt, was und wieviel er seinem Patienten sagen solle.

*Man darf den Menschen nicht über den wichtig-
sten Schritt seines Lebens hinwegtäuschen*

Der Sterbende oder der vom Tode Gezeichnete
befinden sich in einer ganz besonderen Situation. Die Würde der Person und auch das Selbst-
bestimmungsrecht verlangen, daß der Kranke
darüber aufgeklärt werde, was ihn erwartet. Er
hat vielleicht noch manche Dinge im Leben zu
regeln, die sonst ungeregelt blieben, er will vielleicht die letzte Zeit nutzen, um mit sich selbst
ins reine zu kommen. Es ist ganz gewiß unwür-
dig und entmündigend und wird von den Kranken auch gewöhnlich so empfunden, wenn man
sie konsequent über ihre Situation täuscht und
ihnen bis zuletzt Optimismus vorgaukelt.

In seinem Buch „Reflexionen über Amerika"
schildert Jacques Maritain den Tod des guten
Amerikaners: „Arzt und Pflegepersonal (und die
entsprechenden Drogen) erzeugen im Kranken
einen traumähnlichen Zustand, so daß der Kranke denken muß, es müsse ein wirkliches Vergnügen oder doch wenigstens ein Vorgang ohne
weitere Konsequenzen sein, inmitten dieser lä-
chelnden Gesichter und dieser Uniformen, weiß
und fleckenlos wie Flügel von Engeln, zu sterben." „Relax, take it easy, it's nothing". . . .
„Wenn dann das professionelle Lächeln etwas
abgeschwächt wird und man ein wenig Musik
hinzufügt, hat man das Ideal des zeitgenössi-

schen Philosophen über einen würdigen humanen Tod. Der heutige Amerikaner sei verpflichtet, pianissimo und sozusagen auf Zehenspitzen zu verschwinden, damit das Gemüt seiner Mitmenschen ja nicht verwirrt werde."

Die Vision Maritains hat Huxleysche Dimensionen, aber in der „brave new world" von Huxley sind Begriffe wie Menschenwürde, Person, Individualität, Selbstbestimmung ja sowieso abgeschafft. Der geschilderte Tod des guten Amerikaners scheint auf den ersten Blick dem Tod im Abstellraum des Krankenhauses weit vorzuziehen, und doch bestehen letztlich viele Gemeinsamkeiten. Das Abschieben des Kranken empfinden wir gewiß alle unmittelbar als lieblos. Der Inhalt der Vorwürfe, die sich gegen diese Form des Sterbens im Krankenhaus wenden, entspringt ja auch dem Empfinden, daß man sich hier gegen die Liebe und gegen die Menschenwürde vergehe. Aber tut man dies nicht auch, wenn man den Kranken nicht ernst nimmt, indem man ihn wie ein unmündiges Kind behandelt? Dadurch mag zwar der Eindruck einer freundlichen Atmosphäre vorgetäuscht werden. Im Grunde handelt es sich aber doch auch nur um eine Mißachtung der Würde dieses Menschen, der über den wichtigsten Schritt in seinem Leben hinweggetäuscht werden soll. Die Ansicht, man dürfe den Kranken nicht belasten, er könne die Wahrheit nicht vertragen, sie würde ihm schaden, ist unter Ärzten der vergangenen Jahrzehnte sicher verbreitet gewesen. Im Mittelalter aber und bis wenigstens zur Zeit der Aufklärung, als der Tod noch in das Leben einbezogen war, da war es selbstverständlich, daß der Todkranke über seinen Zustand informiert sein mußte, damit er sich würdig vorbereiten konnte. Diese Haltung war dann zunehmend verlorengegangen, und es entwickelte sich die Meinung, man müsse dem Kranken jede Angst vor dem Ende, das eben das Ende war, ersparen, wie man meinte, aus Mitleid. Der Kranke sollte seine letzte Zeit möglichst mit verbundenen Augen verleben, insofern er zu Reflexionen noch fähig war, so wie man dem zum Tode Verurteilten ja auch oft eine Augenbinde anbot, damit er dem Tode nicht direkt ins Auge sehen mußte.

Einer christlichen Lebensauffassung war es immer mehr oder minder selbstverständlich, daß der Mensch, soweit er dazu noch geistig in der Lage war, über seine Situation nicht im unklaren gelassen werden durfte. Die Motive, aus denen neuerdings auf Aufklärung gedrängt wird, scheinen zwar andere Wurzeln zu haben; gleichviel – wir sind für die Selbstbestimmung des Menschen und gegen eine Entmündigung sensibilisiert, jedenfalls insoweit das Verhältnis zwischen Patient und Arzt betroffen ist. Im Verhältnis des Staates zum Bürger sieht es wesentlich anders aus, aber dies steht hier nicht zur Debatte. Auf jeden Fall wird der Arzt von allen Seiten zur Offenheit gegenüber dem Kranken gedrängt, selbst wenn nur juristische Erwägungen im Hintergrund stehen sollten. Da der Patient ein Recht habe zu wissen, wie es um ihn steht, habe der Arzt auch die Pflicht, ihm alles zu sagen. Dagegen ist im Prinzip nichts einzuwenden.

Es gibt keine Regeln, die für jeden Fall gelten

Jeder erfahrene Arzt weiß indessen, das Sterbenden nur selten eine einigermaßen objektive Beurteilung ihrer Lage möglich ist, daß auch Erklärungen über die genaue Art der Erkrankung oft nicht richtig verstanden oder rasch wieder verdrängt werden. Sehr oft ist das Verhalten des Kranken ambivalent: Er möchte zwar wissen, was eigentlich los ist, auf der anderen Seite erträgt aber nicht jeder die ungeschminkte Wahrheit, und die Neigung, auch den kleinsten Strohhalm der Hoffnung zu ergreifen, ist sehr groß. Es ist sehr schwer oder kaum möglich, ein Leben ohne jede Hoffnung zu ertragen, auch wenn es nur noch ein Rest von Leben ist. Nur wenige wünschen und sind imstande, ganz offen über alles zu sprechen, zumeist nach einer Entwicklungsphase, wie sie Kübler-Ross so anschaulich geschildert hat. Man darf im übrigen nicht vergessen, daß alle Überlegungen zur Aufklärungspflicht von Gesunden stammen und daß sich ein Gesunder in die tatsächliche Situation eines Sterbenden nur sehr schwer oder gar nicht hineindenken kann.

Der Arzt im Krankenhaus erlebt aber im Laufe der Jahre sehr viele Sterbende und wird immer wieder mit der Frage konfrontiert, was er einem vom Tode Gezeichneten sagen dürfe oder sagen solle und wann der richtige Augenblick dafür ist.

Es gibt keine Regeln, die für jeden Fall gelten, und eine schonungslose Aufklärung, wie sie (gesunden) Verfechtern des Selbstbestimmungsrechtes vorschweben mag, ist zumeist fehl am Platze. Indessen scheint hier eine Unterscheidung besonders wichtig, die Sporken getroffen hat. Natürlich, sagt Sporken, habe der Kranke das Recht darauf zu erfahren, was ihm fehle. Wenn er aber unheilbar sei, gehe es nicht mehr um eine medizinische (und, wie wir hinzufügen wollen, juristische), sondern um eine existentielle Frage. Dann müsse der Kranke auch die Möglichkeit haben, die Flucht vor dieser Wahrheit zu ergreifen, wenn er sie nicht ertragen könne. Auf der anderen Seite muß man natürlich auch bereit sein, offen zu sprechen, wenn der Kranke dies wirklich wünscht. Aber auch dann läuft oft alles ganz anders, als man sich dies beim Gespräch mit dem Kranken vorstellt.

Ohne einen Rest von Hoffnung wäre das Leben
für viele nicht mehr zu ertragen

Vor einer Reihe von Jahren lag eine Kranke in
unserem Krankenhause, die an einem Leber-
krebs litt. Es war keine Möglichkeit zu wirksa-
mer Hilfe mehr gegeben. Da die Kranke keine besonderen Schmerzen hatte, konnte man nur den
Verlauf abwarten und den Krankenhausaufent-
halt möglichst angenehm gestalten. Diese Kranke nun fragte mich eines Tages, es war 3 Wochen
vor ihrem Ende, was ihr eigentlich fehle. Sie
müsse es aus verschiedenen Gründen genau wissen, auch wenn es Krebs sei, denn sie müsse
noch alles mögliche regeln. So schonend, wie es
ging, und nicht ohne einen Rest von Hoffnung
zu lassen, klärte ich die Kranke auf. Sie dankte
mir für die Aussprache und sagte mir, jetzt wäre
wenigstens die Ungewißheit weg und dies würde
sie beruhigen. Sie wollte auch noch wissen, wie
lange alles noch dauern könne. Aber nur wenige
Tage später geschah etwas Erstaunliches: Das
Wissen um die Diagnose und um die beschränk-
te Zeit, die ihr noch bevorstand, war plötzlich
völlig verdrängt, so, als ob unser Gespräch nicht
stattgefunden hätte. Plötzlich begann die Kranke, die im übrigen geistig durchaus nicht verwirrt war, wieder Pläne zu machen, sie erzählte
mir von einer Reise, die sie im Herbst vorhabe.
Nie mehr stellte sie Fragen über ihre Krankheit.

Die Krankheit nahm ihren Verlauf, und 3 Wochen später ist die Patientin ganz friedlich gestorben. Aber während der ganzen restlichen Zeit hatte sie Gespräche über ihren Zustand peinlich vermieden.

Dieses geschilderte Beispiel steht nicht einzeln da, immer wieder erlebt man es, daß Kranke ihren Zustand und selbst das Wissen darum unbewußt verdrängen und Gesprächen über ihre Lage aus dem Wege gehen. Wahrscheinlich ist es gut so, denn ohne einen Rest von Hoffnung wäre das Leben, und wenn es auch nur noch kurze Zeit währt, für sehr viele nicht mehr zu ertragen. Das ist zweifellos die Flucht vor der Wahrheit, die Sporken meint, und er hat völlig recht, daß man diese Möglichkeit jedem Menschen zubilligen müsse.

Aber es gibt auch andere Kranke, die ihrem Ende offenen Auges entgegengehen wollen. Es ist für jeden Beteiligten immer wieder ein beeindruckendes Erlebnis, wenn Schwerkranke einige Zeit vor ihrem Tode nüchtern und ohne Emotionen über ihr Ende sprechen, Einzelheiten wissen wollen und noch alle detaillierten Anordnungen selbst treffen. Es gibt Situationen, in denen das Abhängigkeitsverhältnis zwischen Patient und Arzt eine Umkehrung erfährt und der Gesunde sich als der Unterlegene fühlt.

Die Angst, nicht in Frieden sterben zu dürfen

Neben der Angst vor der unmenschlichen und sprachlosen Atmosphäre des Krankenhauses ist es noch eine andere Sorge, die die Menschen bewegt, nämlich diese, nicht in Ruhe und Frieden sterben zu dürfen.

In einer deutschen Universitätsstadt ereignete sich vor einer Reihe von Jahren folgendes: Ein Professor der Medizin war an einer akuten Magenblutung erkrankt und wurde operiert. Aber zu seinen Lebzeiten hatte er seinen Kindern, zum Teil auch Ärzten, gesagt, daß er auf keinen Fall auf einer Intensiv-Station sterben wolle, wenn nichts mehr zu machen sei. Wenn es je dazu kommen sollte, dann müßten sie ihn von dort wegholen. Nun, nach der Operation kam der kranke Professor auf die Intensiv-Station und hing, wie es eben so ist, an einer Bluttransfusion und allen möglichen anderen Schläuchen. Nach einer ersten Krise hatte er sich wieder etwas erholt. Aber um die Mittagszeit, als der Chef der Klinik und verantwortliche Ärzte vielleicht gerade nicht in nächster Nähe waren, erschienen die Kinder mit der schriftlichen Erklärung des Vaters, entfernten alle Schläuche und brachten ihren Vater nach Hause. Dort ist er dann nach wenigen Tagen gestorben. Der Chef der Klinik hatte ihn noch zu Hause aufgesucht, sich aber vergeblich bemüht, ihn zur Rückkehr zu bewegen. Man meinte, er wäre in der Klinik zu retten gewesen.

In diesem Vorfall äußert sich die Angst vieler Menschen und nicht zuletzt auch von Ärzten, die um manche Dinge wissen. Es ist vor allem die Angst, daß es der modernen Medizin in erster Linie um die Behandlung von Krankheiten, aber nicht primär um das eigentliche Interesse des kranken Menschen ginge; es ist die Sorge, daß Leiden unnötig in die Länge gezogen und ein würdiges Sterben verhindert werde. Schließlich hat man es immer wieder erlebt, wie im inhumanen Großbetrieb der Krankenhäuser die Arbeitsroutine geradezu professionelle Formen für den Umgang mit Sterbenden entwickeln kann. Sind Vorwürfe über die inhumane Atmosphäre mancher Großkrankenhäuser ganz aus der Luft gegriffen? Ehrlicherweise wird man zugeben müssen, daß sie nicht selten berechtigt sind. Während beim chronischen und vielleicht alten Kranken, der sich unweigerlich seinem Ende nähert, die Gefahr besteht, daß man sich zu wenig um ihn kümmert, scheint bei anderen Kranken, wie z. B. bei Operierten, bei Patienten auf Intensiv-Stationen, oft das Gegenteil der Fall zu sein. Gewiß, menschlich kann man sich kaum zu viel um einen Kranken kümmern, aber die Angst geht gerade dahin, daß man sich technisch zu viel und ausschließlich kümmern würde und das Menschliche dabei zu kurz komme. Es gibt noch andere Vorwürfe, die die Forschung betreffen, sie gehören jedoch nicht zu unserem Thema.

Hier kann es nun nicht darum gehen über den Nutzen, den die moderne Medizin und zumal auch die Intensiv-Behandlung vielen Menschen gebracht hat, zu diskutieren. Er ist unbestritten. Aber gerade die raffinierte Technik enthält auch die Gefahr, über den objektiven Parametern das Subjekt „kranker Mensch" aus dem Blick zu verlieren. Über die Rückseite dieser Medaille „Technik" ist ja bereits gesprochen worden.

Fragen, die der Arzt hat

Angesichts eines Schwerkranken, der sich seinem Ende nähert, gibt es vieles zu bedenken. Wenn er in der Institution Krankenhaus liegt und dieser anvertraut ist, so ergeben sich fast zwangsläufig Fragen und Probleme, die nicht nach einem Schema zu beantworten sind. Wann und wie lange soll man weiterbehandeln und darf man weiterbehandeln? Wann ist man berechtigt, die Behandlung abzubrechen oder abzubauen? Was ist in der jeweiligen Situation sinnvoll und angemessen? Von wann an soll man nur noch symptomatisch und leidensmindernd eingreifen? Manche Situationen mögen menschliche, medizinische und unter Umständen auch juristische Aspekte haben, die unter Umständen nicht unbedingt konvergieren müssen. Diese und ähnliche Probleme sind in den vergangenen Jahren ausführlich diskutiert worden und von vielen Seiten beleuchtet worden, von Moraltheologen, Ärzten und Juristen. Im Rahmen unserer Betrachtungen ist es jedoch nicht möglich, auf alle einzelnen Aspekte einzugehen.

Wie soll sich der Arzt nun in den angesprochenen Situationen verhalten? Am einfachsten wird es sein, wenn Fragen der Weiterbehandlung im Gespräch mit dem informierten Patienten geklärt werden können. Man wird mit den Angehörigen sprechen müssen, aber man wird auch nicht selten aufgrund seiner Erfahrung und im besten Interesse des Patienten entscheiden müssen, indem man sich immer bewußt bleibt, daß der Arzt in der jeweiligen Lage das je Beste für die gesamtmenschliche Situation dieses ganz bestimmten Patienten anstreben sollte. Das kann auch bedeuten, daß man den Gang der unweigerlich ablaufenden Lebensuhr nicht noch künstlich um Stunden oder Tage verlängert, wenn man dadurch nur Leiden verlängert und ein Sterben in Würde verhindert. Es kann aber auch bedeuten, daß Klagen von Angehörigen, man könne den Zustand des Kranken ja nicht mehr mit ansehen, mit der nötigen Kritik zu beurteilen sind.

Wenn der Sterbende noch Angehörige oder Freunde hat, so wird ein gutes Krankenhaus im-

mer die Möglichkeit für häufige Besuche schaffen müssen. Man wird die Angehörigen ermun-
tern, bei ihrem Sterbenden zu bleiben, sich vielleicht abzulösen, aber ganz einfach dazusein,
ihn nicht allein zu lassen. Es braucht gar nicht
viel gesprochen zu werden, es genügt, wenn man
seine Hand hält. Wie wichtig und wohltuend
dies ist, weiß man von manchen, die ihre Selbst-
erfahrung wieder berichten konnten. Aber auch
eine betrübliche Erfahrung sei vermerkt: Auf
einem Kongreß wurde vor einigen Jahren über
das Sterben und seine Probleme im Krankenhaus
gesprochen. Der chirurgische Chefarzt eines großen Krankenhauses berichtete, er habe über einige Jahre eine Statistik aufgestellt, wie oft Sterbende von ihren Angehörigen besucht würden.
Er sei nur auf 15 % der Fälle gekommen. Nun,
ich habe den Eindruck, daß dies in unserem
Krankenhaus anders ist, aber die Schlußfolge-
rung, die man ziehen könnte, ist, daß Unmensch-
lichkeit nicht unbedingt nur auf die Institution
Krankenhaus und die darin arbeitenden Menschen beschränkt sein muß.

Kein Mensch darf zum hoffnungslosen Fall werden

Was heißt eigentlich menschenwürdig sterben?
Würdig sterben kann der Mensch auch in einem
Krankenhaus, aber eben nur, wenn er nicht der

71

Routine der Institution ausgeliefert ist, sondern von Menschen betreut wird. Aber was ist Würde, Menschenwürde nun konkret? Sporken bemerkt sehr richtig, es sei viel einfacher, das Fehlen von Menschenwürde festzustellen, diese sozusagen negativ zu definieren, als konkret zu sagen, worin sie nun im eigentlichen bestehe. Aber er bemerkt auch, daß die Würde des Anderen dann gewahrt bleibe, wenn man ihm erlaube, er selbst zu sein und seinen eigenen Tod zu sterben.

Die Beeinträchtigung der Menschenwürde durch die Krankenhausroutine ist auf vielerlei Weise möglich und selbst, wenn alle überzeugt sind, ihren Dienst aufs beste zu erfüllen, kann der Kranke ein dauerndes Gefühl der Entwürdigung empfinden. Es ist in diesem Zusammenhang sehr lohnend, den von Rudolf Kautzky herausgegebenen Erlebnisbericht mit Aufzeichnungen über einen Tod: „Sterben im Krankenhaus" (Freiburg i. Br. [6]1980) zu lesen. Eine neuere, gründliche Studie über „Die Würde des Patienten und die Fortschritte der Medizin" stammt vom Schweizer Jesuiten Albert Ziegler. Er meint, daß sich die heutige Ärzteschaft wenigstens theoretisch, auf dem Vortragspult, in Richtlinien und im persönlichen Gespräch, der Zwiespältigkeit des medizinischen Fortschrittes durchaus bewußt sei; im Alltag des Spitales würde aber offenbar manches wieder anders aussehen. Es sei daher eine dringende Aufgabe, den

Fortschritt so zu gestalten und einzusetzen, daß er den Menschen helfe, ihre Würde zu bewahren und sie nicht umgekehrt entwürdige. Technische Fortschritte seien zwar Fortschritte von Menschen, aber deswegen nicht auch schon Fortschritte von Menschlichkeit. Sie können jedoch auch zu Fortschritten von Menschlichkeit werden, insofern sie helfen, die Würde des Menschen zu erhalten. Die Würde des Menschen bestehe aber darin, daß er als eigenständiges Subjekt nie zum Objekt entwürdigt werden dürfe. Eigenständiges Subjekt sei der Mensch aber, insofern er Träger seiner selbst ist; und dies bedeutet, daß er (in Selbstbewußtsein und Selbstverfügung) sich selbst besitzend, eigenständiger Inhaber seiner Eigenschaften und verantwortlicher Urheber seines Verhaltens ist. Und wenn der technische Fortschritt dazu beitrage, daß der Mensch dies möglichst lange und umfassend bleibe, dann helfe er die Würde des Menschen zu erhalten.

Der menschliche Umgang mit der fortschrittlichen Technik habe vor allem ein Dreifaches zu bedenken: Nämlich die aufmerksame menschliche Bedienung, die zwischenmenschliche Begegnung und die nachträgliche menschliche Sorge.

Gewiß endet auch die fortschrittliche Medizin schließlich im Tode. Trotzdem dürfe aber der Mensch, wie Ziegler hervorhebt, weder technisch noch menschlich zum hoffnungslosen Fall

73

werden. Dies trete nur dann ein, meint er, wenn der Kranke keine Hoffnung habe und der Arzt keine Hoffnung geben könne. Der hoffnungslose Fall würde also nicht eigentlich in der Hoffnungslosigkeit bestehen, sondern darin, daß der Kranke aufgegeben und abgeschrieben würde. Dabei bliebe immer noch die Alternative, die Hoffnungslosigkeit mit dem Kranken zu teilen, ihm aber auch nicht, wie man Rahner hinzufügen könnte, den Ausblick auf die absolute Hoffnung zu verstellen. Wie die Erfahrung am Krankenbett im übrigen zeigt, wird Hoffnungslosigkeit allein schon durch die menschliche Annahme des anderen erleichtert und oft aufgehoben. Mit anderen Worten: Passivität im Technischen darf nicht auch zur Passivität im Menschlichen führen. Ein Weniger im Technischen müsse ein Mehr im Menschlichen möglich machen. Wir wollen hinzufügen: Auch in der Institution Krankenhaus ist so etwas möglich, wenn man um Menschlichkeit bemüht bleibt.

Sterbebegleitung ist eine Frage der mitmenschlichen Einstellung

Auf dem sechsten westdeutschen psychotherapeutischen Seminar in Aachen ist kürzlich darauf hingewiesen worden, daß 60 % der Menschen im Krankenhaus sterben. Es wurde die

Forderung erhoben, das Sterben wieder in das alltägliche Leben, in die Familie zu integrieren und es als Bestandteil seines eigenen Lebens einzuordnen. Der Kranke habe das Recht, dort zu sterben, wo er sich zu Hause fühle.

Daß diese wohlgemeinten Resolutionen einen Idealzustand darstellen würden, ist unbestritten. Aber eben: Die Familie, in die das Sterben integriert werden könnte, gibt es ja oft nicht mehr, und so, wie die Situation nun einmal ist, wird auch in Zukunft vielleicht die Mehrzahl aller Menschen auf das Sterben im Krankenhaus angewiesen bleiben. Daran wird sich vielleicht nicht so leicht etwas ändern lassen. Aber es sollte wenigstens möglich sein, menschenwürdig im Krankenhaus zu sterben, und es sollte auch dort immer Menschen geben, die bereit sind, mitmenschlich für den Sterbenden dazusein; dies ist nicht eine Frage der Zeit, sondern eine Frage der Einstellung. Und hier eben beginnen und enden alle Schwierigkeiten.

Die Schattenseiten der Probleme scheinen inzwischen weithin erkannt zu sein; die Medien sorgen in der ihnen eigenen Art für die Verbreitung. Es ist die Rede davon, die Medizin müsse wieder patientenorientiert sein. Man beklagt die Sprachlosigkeit zwischen Patient und Arzt sowie Pflegekräften, vor allem in den Großkliniken. Es gibt Bemühungen, diese

Sprachlosigkeit mit Hilfe von Gesprächstherapeuten, Sozialarbeitern und Psychologen zu kompensieren. Ist damit der richtige Weg beschritten? Wir wagen es zu bezweifeln, vor allem in Kenntnis der Situation an mancher Universitätsklinik. Schließlich und endlich weiß der Patient, daß er in der Hand eines Arztes und vielleicht der Schwester ist, aber eben nicht in der Hand irgendeines beamteten Beraters oder Psychologen. Wenn Arzt und Schwester das richtige Wort nicht finden und nicht zuhören können, wird der Gesprächstherapeut nur ein dürftiger Ersatz bleiben, es sei denn, es handle sich um einen echten Seelsorger. Wird es möglich sein, in den Institutionen, die sich der (gewiß notwendigen) Forschung verpflichtet fühlen, in den Großbetrieben, wo die Arbeit am Patienten Routine geworden ist, das Steuer herumzuwerfen?

Wie kann man Ärzte und Pflegekräfte, denen ihre Arbeit mehr Job als Beruf bedeutet, denen vielleicht auch die Vierzigstundenwoche das wichtigste ist, dafür sensibilisieren, daß es nicht nur um die Krankheit, sondern vor allem um den Kranken geht? Mit anderen Worten, was kann man tun, um eine oft fehlende Grundeinstellung zu schaffen?

Kürzlich ist in einer süddeutschen Stadt der Neubau eines konfessionellen Krankenhauses eingeweiht worden. In den einleitenden Worten sagte der Redner etwa folgendes, was ganz offensichtlich auch an die anwesenden Vertreter staatlicher Institutionen gerichtet war: „Eines möchte ich klar herausstellen: Wir sind ein Tendenzbetrieb. Bei uns heißt es nicht: Wes Brot ich ess', des Lied ich sing'. Wir singen unsere eigenen Lieder. Wir halten auch daran fest, Mitarbeiter, die dem christlichen Geist unseres Hauses gleichgültig oder ablehnend gegenüberstehen, nicht einzustellen. Denn nur so ist es gewährleistet, daß der Patient die Aufnahme findet, die ihm gebührt. Patienten werden wir alle aufnehmen, aber die Mitarbeiter werden wir uns aussuchen."

Damit wurde allen Anwesenden deutlich: Es gibt noch Institutionen, in denen es um die Sache des Menschen geht, in denen der Kranke menschenwürdig behandelt wird und auch menschenwürdig sterben kann.

Allen Menschen, die um ein Sterben in der Institution Krankenhaus nicht herumkommen, wird man wünschen müssen, in solche Krankenhäuser zu kommen, denen der Dienst am Menschen noch wichtig ist. Und – Gott sei Dank – gibt es sie immer noch. Aber bedeutet dies, daß man bei den anderen, den Großinstitutionen, resignieren muß? Wir meinen, Hoffnung wird man nur dort haben dürfen, wo bedacht wird, wofür Krankenhäuser letztlich da sind, nämlich für den kranken Menschen.

III. Sterben zu Hause

von Winfried Peitgen

Ein ganz konkretes Schicksal

Die Situation sterbender Menschen hängt, so haben wir erfahren, von ihrer Umgebung in entscheidendem Maß mit ab. Ich möchte die besondere Situation des Sterbenden zu Hause durch die Schilderung einer Krankengeschichte aus meiner Praxis als Hausarzt darstellen. An einem ganz konkreten Schicksal will ich die Fragen aufwerfen, denen wir uns zu stellen haben.

Darf ich also bitten, mich in meine Sprechstunde zu begleiten: Im Spätjahr des Jahres 1980 suchte mich die Tochter von Herrn H. in der Sprechstunde auf und bat mich um einen Hausbesuch bei ihrem Vater.

Herr H. stand seit Jahren in meiner Behandlung wegen einer coronaren Herzkrankheit; er war 62jährig vorzeitig invalidisiert worden, da er als Bierbrauer in der kohlenoxydhaltigen Atmosphäre im Keller seiner Brauerei jeweils nach kurzem Aufenthalt schwere stenocardische Anfälle bekam. Er war etwa 2 Monate zuvor bei mir gewesen und hatte über leichte Bauchschmerzen geklagt, die sich in den Wochen seines Urlaubs bei seiner Tochter in Norddeutschland erstmals eingestellt hatten. Er hatte etwas abgenommen. Der Kollege, der mich anschließend im Urlaub vertreten hatte, hatte Herrn H. schließlich in die Klinik eingewiesen.

Dort war klargeworden, daß er an einem bösartigen Tumor der Bauchspeicheldrüse litt, zudem an einer Tochtergeschwulst, die die Magenwand bereits angegriffen hatte. Diese Situation stellte sich den Ärzten dar, als sie Herrn H. unter der Verdachtsdiagnose „Magentumor" nach langen Voruntersuchungen schließlich operierten. Der Bauchraum war nach Eröffnung und Einsichtnahme wieder verschlossen worden. Eine Heilbehandlung war nicht möglich.

Herrn H. war von seinem Stationsarzt erklärt worden, man habe eine Magenoperation durchgeführt. Mit dieser Nachricht gab sich Herr H. zunächst auch zufrieden. Aber die Tatsache, daß er unmittelbar nach einer Magenoperation schon Wunschkost bekam, führte zu ersten Zweifeln an der Richtigkeit der ärztlichen Aussage. Die Ehefrau des Patienten, zaghaft, scheu, ängstlich und stets abwartend, war von den Klinikärzten in derselben Weise unterrichtet worden. Den beiden erwachsenen Töchtern war im Gegensatz hierzu von der bedrohlichen Situation ihres Vaters berichtet worden.

Etwa drei Wochen nach der Operation war Herr H. in ein Erholungskrankenhaus in landschaftlich schöner Umgebung verlegt worden. Von dort war er nun nach weiteren vier Wochen nach Hause zurückgekehrt. Er hatte weiter abgenommen. Er konnte nur noch kleine Mahlzeiten einnehmen, denn alle Speisen und jedes Getränk drückten, blähten und lösten einen Schmerz in der Tiefe des Bauchraumes aus, der offensichtlich als eine nicht greifbare Bedrohung empfunden wurde, und das mit jedem Tag mehr.

Die Tochter, die mir all das in der Sprechstunde erzählte, sprach deutlich aus, was auch ich bei ihrer Schilderung empfand: Hinter der Hoffnung auf Genesung lauerte der ständige Zweifel an der Wahrheit der klinischen Aussage von der Gutartigkeit der Erkrankung. Das offenbare Weiterschreiten des körperlichen Verfalls, die Zunahme der Beschwerden und das unterschiedliche Wissen um die Zukunft ließen Fragen im Familienkreis nicht mehr aufkommen. Jeder verschloß sich und seine Ängste vor dem anderen.

Was die ärztliche Wahrheit bedeutet

Darf ich hier vom Bericht eines Schicksals abschweifen und mich kurz einem Problem zuwenden, das mit unserem Thema unlösbar verknüpft ist. Ich möchte die Fragestellung so formulieren: „Was bedeutet der Wahrheitsgehalt der ärztlichen Aussage und Auskunft für einen Kranken, ja vielleicht lebensbedrohlich Kranken und Sterbenden, für den Angehörigen und für den Arzt selbst?"

Im vorliegenden Fall ist offenbar: Für Herrn H. stellte der Leidensverlauf die ärztliche Auskunft sehr in Frage, Gewißheit über einen erhoffbaren guten Ausgang bestand sicher nicht. Nachhaltiger Zweifel lähmte den Gesundungswillen.

Für die Ehefrau war noch die meiste Sicherheit gegeben, da sie zwar das Symptom der Gewichtsabnahme erkennen mußte, aber doch nicht die körperlichen Beschwerden selbst erlebte.

Für die Töchter bestand ein Informationsdefizit. Sie mußten schwanken zwischen der Hoffnung, der mitgeteilte Verdacht erübrige sich, und der Angst, daß der sichtbare Verlauf den Verdacht und seine Aussage bestätige.

Eines war sicher: Keiner konnte mit dem anderen sprechen, ohne sich und den anderen zu gefährden, ihn mit den eigenen Zweifeln und Ängsten zu belasten.

Im übrigen aber stand eine Aussage vor den Augen aller Angehörigen: Herr H. hatte in der Klinik wiederholt in Anwesenheit seiner Angehörigen im Gespräch mit einem krebskranken Bettnachbarn geäußert: „Wenn ich wüßte, daß ich krebskrank bin, würde ich mir das Leben nehmen, das langsame Sterben würde ich nicht aushalten."

Das war die Situation, als ich zu meinem ersten Hausbesuch erschien.

Einen Weg gemeinsam gehen bedeutet auch:
Zeit haben müssen füreinander

Es ist schon schwer genug, einem Mitmenschen mitzuteilen, daß sein Leben begrenzt ist und nach dem eigenen Wissen wohl schon in absehbarer Zeit, vielleicht auch unter vorhersehbarem Leiden zu Ende gehen wird. Schwierigkeiten gibt es insbesondere, was die Wahl von Zeit, Ort und Formulierung betrifft. Hier erscheint mir wichtig, der Tatsache eingedenk zu sein, daß sich aus einer solchen Mitteilung Konsequenzen für alle ergeben, die da miteinander sprechen. Konsequenzen, die man zusammenfassen könnte in der Erkenntnis: Damit wird offenbar, daß wir den Kranken nicht mehr allein lassen dürfen in seinem Leiden, daß wir nun zusammengehören auf einem Wege, dessen Ende wir alle sehen. Einen Weg gemeinsam zu gehen bedeutet aber auch, Zeit haben zu müssen füreinander.

Und wie sollte es einem Krankenhausarzt möglich sein, für jeden seiner schwerkranken, vielleicht dem Tode nahen Patienten Zeit zu ha-

83

ben, und dies auch noch zu dem Zeitpunkt, zu dem es der Patient gerade bräuchte.

Da habe ich es als Hausarzt leichter. Ich bin in der zeitlichen Tagesgestaltung freier, kann meinen Besuch für morgen oder für heute abend ankündigen, und diese Verfügungsgewalt erlaubt mir, mit größerer innerer Bereitschaft und Vorbereitung einem solchen Gespräch entgegenzusehen, als dies vielleicht einem Krankenhausarzt möglich ist.

Zum anderen: Über Kranksein, Leiden und Sterben zu sprechen bedeutet auch, etwas über sich selbst mitzuteilen. Wir sollten uns bewußt sein, daß unsere eigenen Vorstellungen, Ängste und Sicherheiten in jedes Wort mit hineinfließen, das wir an den anderen richten. Meine Gesprächsführung heute ist nur zum kleinen Teil der Ausdruck gehabter Ausbildung. Sie ist zum größeren Teil eigene Lebenserfahrung von Kindesbeinen an bis hinein in die erwählte Situation des Arztberufes, bis hinein in Liebe, Ehe und Familie. Es ist auch verständlich, daß ich es vor 25 Jahren schwerer haben mußte, als Assistent im Krankenhaus am Bett eines Todkranken zu sprechen als heute. Ich erinnere mich noch gut an meine Hilflosigkeit, wenn ich als junger Arzt im Krankenhaus die Fragen meines Patienten nach seiner Zukunft zu beantworten hatte.

Es gibt also gute Gründe, warum ärztliche Aussage und Auskunft in der Klinik so gegeben

werden kann, wie ich dies in der Krankengeschichte des Herrn H. geschildert habe. Eigene
Unsicherheit, Angst vor den Konsequenzen der
eigenen Aussage und auch das Gefühl, den Kranken schonen zu müssen, sind da in gleicher Weise wirksam.

*„Barmherzige Lügen" untergraben jedes Ver-
trauensverhältnis*

Aus meiner heutigen Erfahrung als Hausarzt
muß ich jedoch auch aussprechen, daß im nach-
hinein sehr häufig gerade der um die Wahrheit
betrogene Patient das Verhalten des Kranken-
hausarztes tadelt. Zum einen wird seine ehrlich
gemeinte Frage nicht einer ebenso ehrlichen
Antwort gewürdigt. Zum anderen fühlt sich der
bewußt lebende oder bewußt werdende Kranke
um Tage oder Wochen des Erlebens gebracht, die
ihm die Gewißheit seines baldigen Sterbens ermöglicht hätte; denn, erinnern wir uns, die
Wahrheit über die Zukunft hatte für uns alle bedeutet, füreinander dazusein, miteinander sprechen zu können im Bewußtsein des gemeinsamen Weges.

Demgegenüber ist uns auch allen klar, daß eine
erste „barmherzige Lüge" die Notwendigkeit zur
Fortsetzung der Unwahrhaftigkeit auslöst. Dies
haben wir alle sicher schon erlebt. Dies unter-

gräbt jedes Vertrauensverhältnis. Man kann sich nicht mehr in die Augen sehen, und gerade dann, wenn es in der Endphase des Leidens auf Vertrauen ankommt, ist eben dieses nicht mehr vorhanden.

Zurück zu unserem Patienten: Als ich zu meinem ersten Besuch erschien, standen die vorgetragenen Fragen und Probleme wohl irgendwie im Hintergrund, aber die Realität des Tages war doch vorherrschend. Herr H. berichtete vom Krankenhaus, von der Operation, von der Nachbehandlung im Sanatorium und von der Freude, jetzt zu Hause zu sein, auch wenn es ihm gar nicht gutginge und er sich nicht wohl fühle. Aber es ginge besser mit dem Essen und leichter mit dem Schlafen, und der Tag wäre ausgefüllt und die Hoffnung, daß es nun aufwärts gehen möge, beflügele die Kräfte. Und die Angehörigen ließen sich von diesem Gefühl mittragen.

Das änderte sich im Laufe einer Woche. Bei einem meiner nächsten Besuche konfrontierte mich Herr H. zum Entsetzen seiner Angehörigen ganz unvermittelt mit seiner wahren Situation. „Herr Doktor", sagte er, „wenn ich wüßte, daß ich Krebs habe, dann würde ich Schluß machen mit dem Leben, und auch Sie könnten mich nicht daran hindern." Das war es, die Angst, das nicht Erkennbare nicht tragen zu können. Nicht der mögliche Schmerz, nicht das Leiden waren angesprochen, sondern das Sterben, das Hineingehen in eine unbekannte Welt. Die Ehefrau brach in Tränen aus, die Töchter rangen um ihre Fassung. Es war ausgesprochen, was alle beherrschte: Verzweiflung. Auf meine Frage: „Und warum glauben Sie, Krebs zu haben?" brachen aus Herrn H. alle Erfahrungen über widersprüchliche Auskünfte, vage Versprechungen, offensichtliche Beschönigungen hervor, die ihm in den vergangenen Wochen zuteil geworden waren von Ärzten, Schwestern, Frau, Kindern und Verwandten. Sie hatten sich viel nachhaltiger in die Erinnerung eingegraben, als die Auskunftgebenden je vermuten konnten. Sie waren nur für kurze Zeit ein wirklich überzeugender Trost gewesen.

Nach einer weiteren Stunde waren wir alle gewiß: Wir würden diesen Weg gemeinsam gehen, Hand in Hand, bis Herr H. unsere Hand loslassen würde, um dorthin zu gehen, wo wir alle herkommen. Es würde keine Frage geben, die wir nicht voreinander ausbreiten könnten und um deren Beantwortung wir uns gemeinsam bemühen könnten. Wir würden nicht nötig haben, uns voreinander zu verstecken, Gefühle und Ängste zu verbergen. Wenn wir getrennt miteinander sprechen würden, so wäre das kein Grund zum Mißtrauen für den vom Gespräch Ausgeschlossenen. Gerade er dürfte auf die liebevolle Besorgtheit der Sprechenden vertrauen. Herrn H. wurde bewußt, was sein Selbstmord für Frau und

Kinder und ihre Zukunft bedeuten würde. Er wurde inne, daß er nicht bei Tag und Nacht Ursache panischer Angst für andere werden wollte.

Herr H. hat nie mehr darüber gesprochen. Ich möchte nicht glauben, daß er von jetzt auf nachher von diesem Gedanken Abstand nehmen konnte, aber die Art, wie er mich mit stets festem Blick jetzt bei meinen Besuchen empfing und verabschiedete, machte mich da ganz ruhig, und auch seine Angehörigen empfanden dies. Die Nacht konnte für alle zur Ruhe bestimmt werden, und die fortschreitende Krankheit verlor ihre tödliche Bedrohung. Familie H. wurde in den letzten Wochen und Tagen das Bewußtsein der Zusammengehörigkeit, der gegenseitigen Zuneigung und Verbundenheit in besonderem Maße geschenkt.

Offenheit auch für das Religiöse

Ich bin mir hierbei sicher, daß ein Aspekt eines solchen gemeinsamen Weges für alle Sorge um die Seele des anderen ist, und ich bin mir ebenso sicher, daß ich mich hier nicht unberechtigterweise in das Revier eines anderen Zuständigen, des Gemeindepfarrers, begebe. Es liegt ja gerade in der aufgezeigten Offenheit des Gesprächs, die uns erlaubt, auch die Frage eines Besuches des

Pfarrers, einer Beichte, einer Abendmahlshand-
lung oder einer Letzten Ölung auszusprechen. Es
ist eine wiederholt gemachte Erfahrung, daß gerade die Angehörigen sich scheuen, den Besuch
des Pfarrers einem Kranken vorzuschlagen. Für
viele Menschen bedeutet der Ruf nach dem Pfar-
rer oder zur Letzten Ölung das Eingeständnis,
daß der Tod nun nahe ist, und sie fürchten dieses
Eingeständnis als Schock für den Schwerkranken. Es ist für mich eine immer wieder erstaun-
liche Feststellung geblieben, wie wenig kirchli-
che Gläubigkeit korreliert mit vertrauensvoller
Hinnahme des Geschehens.

In meinen Erwartungen am Bett eines Sterbenden pflege ich mich nicht auf meine Erfahrungen
zu verlassen. Ich versuche, mich einzustellen
auf ihn, versuche, auf ihn einzugehen, und emp-
finde mit Dankbarkeit, wenn uns das Gefühl zu
verbinden beginnt, einen erkennbaren Weg gemeinsam zu gehen.

Es hatte gute Gründe, wenn ich bisher nicht
von medizinischer Behandlung gesprochen habe,
die doch eigentlich meine erste Aufgabe ist. Ich
möchte hier zum Ausdruck bringen: Ärztliche
Behandlung, das Heute mit vielfältigen Fragen,
medikamentöse Therapie und evtl. Absprache
von pflegerischer Betreuung im Zusammenwirken mit der Gemeindeschwester usw. sind in
einem ganz vordergründigen Sinn selbstverständlich auch die Wirklichkeit des Krankenbe-

suchs. Aber auch alles das, was in diesem Zusammenhang gesprochen wird und geschieht, geschieht in Offenheit und Wahrhaftigkeit.

Pflege eines Kranken zu Hause stellt vor allem bei längerer Dauer eine harte Belastung der körperlichen und psychischen Kräfte der Angehörigen dar. Rechtzeitiges Mobilisieren von Pflegehilfen, wie Krankenbett, Bettgalgen und pflegerischer Betreuung durch fremde Hand können oftmals über die Möglichkeit der Fortsetzung des Zuhausebleibens entscheiden. Die Gewißheit für den Angehörigen, bei Tag und Nacht sich der fachlichen Hilfe durch Krankenschwester und Arzt bedienen zu können, ist hierbei von besonderer Wichtigkeit und ein unumgänglich notwendiger Rückhalt. Auf die Möglichkeit und Notwendigkeit verständnisvoller Zusammenarbeit der verschiedenen Hilfsangebote hinzuweisen, erscheint mir wichtig.

Der Tod war Erlösung,
nicht Katastrophe eines Lebens

So vollendete sich auch das Leben unseres Patienten. Das fortschreitende Wachstum in seinem Bauchraum verlegte den Speiseweg und machte die Nahrungsaufnahme schließlich unmöglich. Herr H. ging sehenden Auges den Weg des Menschen, der verhungert und verdurstet. Er tat dies ohne Klagen. Er konnte dankbar um die geringen Hilfen meiner medizinischen Möglichkeiten bitten. Er starb in den Armen seiner Frau und der Töchter. Für alle war der Tod Erlösung, nicht Katastrophe eines Lebens.

Wir sollten Wunsch und Willen der Betroffenen respektieren

Zum einen ist es eine Tatsache, daß mehr als die Hälfte aller Bundesbürger, auch der alten, in der Klinik sterben. Das hat sicher seine Gründe. Die ärztliche und pflegerische Betreuung ist in der Klinik rund um die Uhr gesichert, das Sterben und der Sterbende belasten den häuslichen Raum, die Berufstätigkeit der evtl. Betreuenden und insbesondere das psychische Miterleben der jungen Generation nur am Rande. Da stellt sich die Frage: „Ist es heute noch sinnvoll, zu Hause zu sterben?"

Für mich selbst vermag ich die Frage nicht mit Ja oder Nein zu beantworten. Aber ich versuche, den *Wunsch eines Sterbenden*, zu Hause zu sterben, zu erfüllen. Und den Wunsch sprechen mehr als 50 % aller alten Menschen aus, die in die Klinik eingewiesen oder von dort nicht wieder nach Hause entlassen werden, um zu sterben. Gerade in bezug auf alte, kranke und sterbende Menschen sind wir heute alle geneigt, den

91

Wunsch und Willen des Betroffenen weitaus weniger zu respektieren als die sogenannten Notwendigkeiten und Hinderungsgründe der nachfolgenden Generation. Das heißt, es finden sich in der Regel Gründe genug, warum das Sterben in die Klinik verlegt werden muß: Beschränktheit der räumlichen Ausstattung, Berufstätigkeit der evtl. Betreuer, Mängel in der pflegerischen und ärztlichen Betreuung und nicht zuletzt das gefürchtete Schockerlebnis für die Jugend, Alter, Krankheit und Tod zu Hause zu erleben. Aber erst, wenn wir diese Reihenfolge umzukehren gewillt sind und den Wunsch des Sterbenden unter dem Gesichtswinkel zu betrachten geneigt sind, seine Erfüllung zu versuchen, können wir dem Sterbenden gerecht werden.

Was brauchen Sterbende zu Hause?

Einmal eine räumliche Umgebung, die ihnen bekannt und vertraut ist und die ihnen in ihren letzten Tagen auch einen Blick auf die unveränderten Schönheiten des Lebens draußen ermöglicht, wenn möglich Sonne ins Zimmer läßt, das Aufstellen einer Blattpflanze oder von Blumen zuläßt, genug Raum gibt, um ein vertrautes Bild, ein geliebtes Möbelstück, eine vielleicht selbst gestickte Tischdecke sehen zu können, neben all den Notwendigkeiten, die eine Krankenpflege

mit sich bringen kann, wie etwa Krankenhaus-
bett mit Bettgalgen, Nachtstuhl u. ä.

Zum anderen die liebevolle Zuwendung derje-
nigen, die als Familienangehörige, Schwestern
der Sozialstation oder Ärzte kommen und gehen,
um die leibliche Notdurft des Kranken zu stil-
len. Aber es geht nicht nur um das leibliche Er-
gehen, sondern gerade hier um die Möglichkeit
eines Wortes in Rede und Gegenrede, einer be-
sänftigenden und tröstenden Gebärde, vielleicht
eines gemeinsamen Gebetes oder Liedes. Denn
denken wir daran, daß gerade alte Menschen
meist in einer Welt aufgewachsen sind, die viel
mehr als die Welt unserer Kinder heute geprägt
war von religiösen und kirchlichen Vorstellungen und Gebräuchen.

Zum dritten sachgerechte pflegerische Betreuung im Zusammenwirken aller, fachlich getragen von Arzt und Krankenschwester, aber zum
überwiegenden Teil eben doch meist praktisch
durchgeführt von den Betreuenden aus dem Familienkreis.

Die Familienmitglieder sind oft überfordert

Es ist verständlich, daß diese skizzierten Anforderungen für die betreuenden Familienmitglieder oft kaum zu bewältigende Pflichten darstellen. Mitunter sind es die hierarchischen Struktu-

ren einer Familie und die sich daraus im Laufe eines Lebens ergebenden Gefühle im positiven wie im negativen Sinne, die die Übernahme einer intensiven pflegerischen Betreuung eines Eltern- oder Großelternteils der erwachsenen Tochter oder dem erwachsenen Sohn sehr erschweren. Auch kann es demgegenüber gerade aus den geprägten Verhaltensnormen heraus einem alten Menschen sehr schwerfallen, pflegerische Betreuung und damit auch immer wiederkehrende Notwendigkeit der Entscheidung durch die Hand der Jungen hinzunehmen. Bei jedem der Beteiligten sind nach meiner Erfahrung eine Reihe emotionaler und psychischer Hürden zu überwinden, bevor es zu einem gedeihlichen Miteinander am Bett eines Schwerkranken kommen kann.

Zudem sind es nicht immer die Menschen der älteren Generation, die sterben, es können auch Bruder und Schwester oder Kinder von uns sein, und gerade da sind wir ganz besonders mit dem eigenen Sterben konfrontiert. Wir entscheiden und handeln aus einer psychisch-körperlichen Gesamtsituation heraus, die geprägt ist durch unsere eigenen Ängste und Gewißheiten.

Es erweist sich als unumgänglich, sich über alle diese Probleme auszusprechen, und dies kann sehr schwierig sein.

Noch vor 20 Jahren war es die Regel, daß jede Kirchengemeinde ihre eigene Krankenschwester

hatte, die die Betreuung der kranken Gemeinde-
mitglieder zu Hause durchführte. Meist waren
dies katholische Ordensschwestern oder evange-
lische Diakonissen, gewohnt, rund um die Uhr,
oft genug ohne Urlaub, Tag und Nacht zum Ein-
satz bereitzustehen.

Heute hat sich das Bild der häuslichen Kran-
kenbetreuung gründlich geändert. Die Betreuung
liegt in den Händen von Sozialstationen, deren
Träger Kirchengemeinden, Sozialverbände oder
die öffentliche Hand sind; deren Schwestern in
engem oder losem Kontakt zu religiösen Ge-
meinschaften oder fern von solchen Zugehörig-
keiten im Rahmen eines normalen Mehrstun-
denarbeitstages eingesetzt werden. Das bedeutet
für den Kranken, daß er mit mehreren Schwestern oder Pflegern vorliebnehmen muß, daß er
auf die Verschiedenartigkeit der persönlichen
Ansprache und der pflegerischen Betreuung reagieren wird. Es bedeutet in praxi bei der Jugend-
lichkeit des pflegerischen Personals der Sozialstation, daß das Gespräch um Kranksein, Sterben und Gott heute schwieriger geworden ist.

Was wir selber brauchen

Wenn ich mich an meine Situation als junger
Krankenhausarzt erinnere und an meine Nöte,
wenn ich von einem Patienten gefragt wurde um

seine Zukunft, seine Krankheit, sein Leiden, vielleicht sein Sterben, so kann ich heute verstehen, wie schwer es jungen Menschen in den pflegerischen Berufen wird oder werden kann, mit solchen Gesprächen umzugehen, wo ihnen oft genug die Sicherheit einer religiösen Bindung und die Berufs- und Lebenserfahrung noch fehlen.

Was brauchen die Angehörigen des Kranken? Unter anderem auch die Gewißheit, daß sie Arzt und Schwester jederzeit erreichen können und telefonisch Rat einholen oder praktische Hilfe herbeirufen können.

Es sei mir erlaubt, auch für mich selbst zu fragen, was brauche ich als behandelnder Arzt?

Wissen und Erfahrung und die Zeit, beides immer wieder zu ergänzen in kollegialer Rücksprache, Fortbildung auf Kongressen, aber auch beim Lesen und Darüber-Nachdenken. Und die Zeit, dazusein zu dem Zeitpunkt, den eigentlich der Kranke und seine Bedürfnisse bestimmen sollten. Das bedeutet aber: auch nachts oder an Feiertagen.

Und das Problem, Zeit zu haben füreinander, ist ja ein ganz besonders schwieriges Problem heute, wo wir alle so vielbeschäftigt und von Terminen gehetzt und gebunden sind.

IV. Die Grenze im ärztlichen Handeln

von Bernhard Welte

Was trennt, kann auch verbinden

Das ärztliche Handeln wird in der Literatur häufig kritisiert etwa mit dem Argument, der Mensch werde einem bloß funktionalen Apparat ausgeliefert. Ganz zu schweigen von der berühmten Kritik von Ivan Illich, der die Mediziner als die eigentliche Krankheit der Menschheit bezeichnet. Demgegenüber möchte ich einige anders gerichtete Bemerkungen machen und zunächst mit einer kleinen philosophischen Vorüberlegung über das Wesen der *Grenze* beginnen.

Die Grenze ganz im allgemeinen ist offenbar das, was selber weder ein Etwas noch ein Nichts ist, das aber eines vom anderen scheidet und unterscheidet. Dinge sind abgegrenzt gegen andere Dinge, Sachbereiche gegen andere Sachbereiche, und die Menschen sind auf besonders merkwürdige Weise abgegrenzt gegen die Welt der Sachen – dies gehört zur Grundstruktur alles dessen, was ist auf dieser Welt.

Alle Grenzen haben das Eigentümliche, daß sie zugleich trennen und verbinden. Sie trennen, denn das eine ist nicht das andere. Die Negation, das Nichts der Grenze, steht zwischen ihnen.

Aber zugleich verbindet die Grenze auch, was sie trennt. Denn das eine berührt gerade an der Grenze das andere und hat so mit dem anderen zu tun. Da, wo die Völker aneinandergrenzen, sind sie aneinander besonders interessiert. Wir können sagen: An der Grenze entspringt das, was man mit dem Wort *Nicht* sagen kann, und vielleicht das, was man mit dem Wort *Und* sagen kann, das eine *und* das andere. Das Und überschwingt die Negation der Grenze, und das ist das eigentliche Wunder aller Grenzen. Und das ist mächtiger als das Nicht, obwohl es aus ihm entspringt.

Darum gehört alles über alle Grenzen hinweg doch zu einer Welt zusammen, und so ist angesichts jeder Art von Grenze das Und, das verbindet, das entscheidende Wunder der Schöpfung im ganzen.

In der zwar etwas ungezogenen, aber schönen und menschlichen Geschichte von Ernst Penzoldt über die Powenzbande wird unter anderem erzählt, daß Heinrich Powenz, der eine der bösen Jungen, dem „Und" ein Denkmal errichten ließ, ein Stein, auf dem groß das Wort „Und" stand. Er wollte eine Macht errichten, die über alle Grenzen hinweg verbindet.

Zum Dialog zwischen Arzt und Patient

Fragen wir nun: Wie zeigt sich das allgemeine Wesen der Grenze im besonderen Umgang des Arztes mit dem Patienten und des Patienten mit dem Arzt? Wobei wir auch daran denken dürfen, daß ja auch der Arzt selber gelegentlich ein Patient ist, was wohl seinem ärztlichen Handeln dann zugute kommen wird.

In diesem Bereich sehen wir zunächst unsere Grenze, die den Arzt von seinem Patienten und den Patienten von seinem Arzt abgrenzt und sie zugleich beide miteinander verbindet. Das Und, das diese Grenze überwindet, hat den Charakter des *Dialogs*. Darüber kann man bei Franz Rosenzweig und Martin Buber, den großen jüdischen Denkern, das Beste lesen.

Was ist in diesem Fall der Dialog? Er vollzieht sich im Miteinandersprechen und auch Miteinanderhandeln so, daß jeder den anderen als personales Du anspricht und achtet, sowohl der Patient den Arzt wie auch der Arzt den Patienten. Das rein Funktionale des ärztlichen Handelns wird also überschwungen und erhöht durch das Du personaler Art, das jeder zum anderen spricht oder doch sprechen soll. In ihm ist der Arzt dem Patienten ein personales Du und der Patient für den Arzt. Es werden zwar gewiß sachlich funktionale Maßnahmen getroffen werden müssen, aber sie müssen getragen und sozusagen verklärt werden durch die wechselhafte du-hafte Beziehung.

Buber hat wohl recht gesehen, wenn er sagt, daß in jedem endlichen Du das ewige Du leuchtet. Damit gewinnt das so verstandene ärztliche Handeln eine religiöse Qualität. Diese zeigt sich ja auch darin, daß in der Bibel zahlreiche Heilungsgeschichten erzählt werden, in denen die Frohbotschaft leibhaftig erscheint.

Dieses personal die Grenzen überwindende dialogische Und ist näherhin zu charakterisieren durch die Qualität des Vertrauens, und auch dies durchaus wechselseitig. Es ist zu wünschen, daß der Patient dem Arzt traut, aber auch der Arzt dem Patienten. Diese Qualität des Vertrauens ist das Unbezahlbare in allem ärztlichen Handeln, so sehr es sonst der Bezahlung bedarf. Aber das Vertrauen kann man sich nur schenken, und zwar, genaugenommen, nur gegenseitig.

Vertrauen ist Aufgabe der Nächstenschaft

Das Vertrauen tastet die Grenze nicht an, denn jeder Partner achtet den anderen in seiner eigenen und also anderen Art. Und gerade darauf gründet sich die Verbindung, das Und, der Dialog, der von Vertrauen belebt ist; dieses Und, das beide zu einer manchmal schicksalsvollen Freundschaft verbinden soll.

100

Der Dialog Arzt – Patient beginnt in der Regel mit der Anamnese. Der Arzt fragt nur, aber das erste Wort hat dann sein Patient, er muß zuerst sagen, was ihm fehlt oder was ihn bedrückt oder was er als Krankheit empfindet. Als Antwort entwickelt der Arzt seine Gedanken und seine Vorschläge.

Schon auf dieser Stufe ist es entscheidend, daß beide einander mit menschlichem Vertrauen begegnen. Und daß dieses Frage-Antwort-Spiel – das ja durchaus ein Spiel des Schicksals sein kann –, dieses persönliche Sich-Begegnen, dieser beginnende Dialog, ganz von Vertrauen durchwirkt ist. Es ist zu wünschen, daß in Wort und Antwort jeder in seinem Partner den verborgenen Freund spürt, der Arzt in seinem Patienten und der Patient in seinem Arzt. Und darüber hinaus, daß jeder von beiden in diesem vertrauensvollen Dialog den noch verborgeneren ewigen Freund spürt.

Diese Art der Überwindung der Grenze hat nach Martin Buber einen verborgenen religiösen Sinn. Sie gelingt am besten auf einer ausdrücklichen und bewußten religiösen Grundlage. Das Wort „Nächstenliebe" mag etwas abgegriffen sein. Aber es hat in der Praxis doch einen ernsten und großen Sinn. Es heißt nicht Übernächstenliebe, sondern Nächsten-liebe. Der Patient ist seinem Arzt der Nächste; und umgekehrt, was leicht vergessen wird: auch der Arzt für seine Patienten. Beide sind sich gegenseitig Nächste, bis in die intimsten Bereiche hinein. Auch der Arzt ist dem Patienten aufgegeben als Nächster und nicht nur umgekehrt.

Die Krankheit stößt uns an unsere eigene Grenze

In diesem Überspielen der im Verhältnis von Arzt und Patient waltenden Grenze spielt dann entscheidend noch eine andere Grenze hinein. Denn der Patient kommt ja zum Arzt, weil er krank ist oder sich krank fühlt. Krankheit ist aber eine Grenze. Denn jeder Mensch möchte leben und sich im Leben voll entfalten. Und dann stößt er an diese Grenze: Irgend etwas geht nicht mehr und kann zunächst vom Patienten her nur durch Wünsche und Hoffnungen überwunden werden. Eben deswegen kommt der Patient ja zum Arzt, damit dieser vielleicht seine Wünsche und Hoffnungen und damit die Überwindung der Grenze realisieren könne.

Der Arzt wird, besonders wenn er seinen Patienten als Mitchristen und Kind Gottes liebt, das immer Mögliche tun, um diesem seinem Nächsten über diese Grenze hinwegzuhelfen. Oft wird es gelingen. Aber auch der helfende Arzt hat in dieser urmenschlichen Situation seine Grenze. Er kann vieles tun, aber doch eben nicht alles, was er wünschen kann, daß er tun könnte. Und auch das sollte der Patient anerkennen.

Diese Grenze des leiblichen oder seelischen, oder besser des leibseelischen Lebens des Kranken, und auch die dem entsprechende Grenze des ärztlichen Handelns werden ja im öffentlichen Bewußtsein, besonders in der Werbung, beständig überspielt, durchaus verständlicherweise. Denn alle Menschen wünschen ja, gesund und munter zu sein, und alle Menschen wünschen auch, daß der Arzt alles wieder in Ordnung bringen könne. Die Werbung wirbt durch solche anmutigen Bilder, weil sie auf unsere Träume und Wünsche eingeht und uns damit oft wirklich fängt. Aber dies ist eine Täuschung und oft eine Selbsttäuschung.

Die Wirklichkeit ist die, daß der Mensch gläubig und damit begrenzt ist und daß auch der Arzt begrenzt ist. Es gibt an allen Ecken und Enden leibliche und seelische Kranke, an allen Ecken und Enden auch Ärzte, die ihr Bestes tun, aber doch, wenn sie redlich sind, ihre Grenzen spüren. Und dies um so mehr, als ja jeder im anderen seinen Bruder anerkennt. Wie gut ist es dann, wenn beide über diese Grenze miteinander reden können!

Das Unvermeidliche übernehmen

Nun ist aber das menschliche Leben und Zusammenleben so eingerichtet, daß im Raum dieser Grenze und dieser Art von Grenzaufhebung die Schärfe der Situation mit der Zeit anwächst. Auch das haben wir nicht sehr gerne. Darum verdrängen wir es gern. Wir werden älter, und das Alter ist, wie der libanesische Dichter Kahlil Gibran sagt: „. . . der Schnee der Erde. Durch Licht und Wahrheit muß es den unterirdischen Samen Wärme geben und sie beschützen, bis der Nisan kommt und das keimende, reine, junge Leben mit neuem Erwachen erfüllt" („Geheimnisse des Wachsens", Walter-Verlag, Olten – Freiburg 1979, S. 64).

Die Würde des Alters ist erkauft mit zunehmender Gebrechlichkeit und zunehmenden Anforderungen an den Arzt – Freund. Es wird also nun häufiger werden, daß der Arzt sagen muß: Hier ist meinem Tun eine Grenze gesetzt, das kann ich beim besten Willen nicht machen. Um so mehr ist es dann gut, wenn die christliche Sympathie mitgeht auf beiden Seiten, wenn Arzt und Patient bereit sind, offen darüber zu sprechen und gemeinsam das Unvermeidliche zu übernehmen. Dann kann angesichts dieser wichtigen Grenze nicht nur der Arzt dem Patienten helfen, sondern der Patient auch dem Arzt.

Hinter dieser langsam anwachsenden Grenze

winkt, zunächst von weitem und dann sich leise nähernd, die absolute Grenze des Sterbens. Dieser Wink, so menschlich er ist, ist schmerzlich für den Arzt wie für den Patienten. Hier entsteht immer neu das, was Karl Jaspers die Grenzsituation genannt hat. Wer ihr ins Auge blickt, dem kommt, um weiter mit Karl Jaspers zu sprechen, die Transzendenz in den Blick, das ewige Geheimnis. Das berührt gerade hier den sterblichen Menschen, das Herz des Patienten in seiner Schicksalsgemeinschaft mit dem hilfreichen Arzt.

Gemeinsames Bestehen aus einer verbindenden Kraft

Gerade hier ist es dann zu wünschen, daß der Arzt nicht ausweicht aus der Sympathie, sondern, so gut er kann, mit dem Patienten die große, ehrwürdige Situation besteht. Daß er, so gut er kann, als hilfreicher Samariter seinem gefährdeten Mitbruder oder seiner gefährdeten Mitschwester der Nächste bleibt. Daß er seine Würde und Freiheit ehrt, glaubend und liebend.

Ich darf dazu eine Geschichte aus meinem Leben erzählen, die ich nie vergessen kann. Ich war Sekretär des Erzbischofs Gröber, eines Mannes von gewaltiger, ja oft überschwenglicher Energie, von sozusagen explosiver Kraft des Lebens.

Aber eines Tages wurde auch die Kraft dieses gewaltigen Mannes gebrochen. Die große Grenze trat an ihn heran. Er wurde gefährlich krank, es kam der Arzt und Freund, manchmal am Tag, und oft mußte ich ihn in der Nacht holen. Sogar aus dem Ausland ließ man Medikamente kommen, es war ja die Nachkriegszeit, in der vieles nur schwer zu beschaffen war. Man konnte mit Hilfe dieser Medikamente die unmittelbare Gefahr vielmals wieder bannen, aber eben doch nur für begrenzte Zeit. Das Sterben nahte.

Niemand, der dieses Sterben miterlebt hat, wird es je vergessen. Als der gewaltige Mann sein Leben aushauchen durfte, da war es in der Gegenwart des Arztes, des Krankenbruders, der Schwester und auch in meiner eigenen Gegenwart. Und da knieten wir alle einschließlich des Arztes nieder zum Gebet. Das ist der für mich unvergeßlichste Fall eines christlichen Sterbens und in Gemeinschaft mit einem christlichen Arzt, ein gemeinsames Bestehen der äußersten Grenze in der Gemeinschaft des Glaubens, der den Sterbenden und den Arzt miteinander verband.

Mit dem Blick auf das große „Und"

Gewiß wird es nicht in jedem Fall genauso sein können, kein Fall kann einfach kopiert werden, jeder liegt anders, jeder Mensch muß seinen eigenen Tod sterben und jeder Arzt seinen eigenen Weg finden in dieses Geheimnis hinein. Wenn der christliche Arzt aber so oder so einem Kranken, der seinem letzten Weg entgegengeht, ein begleitender Freund bleibt, dann ist dies etwas wie ein Wunder christlicher Gemeinschaft, einer Gemeinschaft, die auch und gerade diese ehrwürdige Grenze zu bestehen vermag mit dem Blick auf das große „Und", das heißt: im Blick auf die Leben und Tod verbindende Kraft des lebendigen Gottes.

Diese Gedanken möchte ich durch ein Gedicht zum Ausdruck bringen:

Sonntagmorgen im Spital

Hell strahlt die Sonne
von goldenen Bäumen
in die Fenster der Kranken
und dringt als Spritze
unter die Haut.

Lobgesang hebt sich
leise und hell
und dringt als Spritze
unter die Haut.

Etwas von Auferstehung
geht mit Instrumenten
und chemischen Substanzen
und unsichtbarem Licht
zu allen Patienten.

Sanfte wissende Augen
von Ärzten und Schwestern
lächeln ein wenig.

Hoffnung geht um
auf Menschenfüßen
und Engelsflügeln,
und etwas singt
selbst in ertaubten Ohren:

Siehe, ich mache alles neu!

V. „Sie haben keinen Stroh-halm, sondern einen Ast . . ."

Gespräch einer krebskranken Frau mit Paul Sporken

Einführung

Von vielen Veröffentlichungen über Begleitung von Kranken wird bedauert, daß die Kranken selbst zu wenig zu Wort kämen. Das ist richtig gesehen. Zwar berichten die Helfer *über* Kranke, erzählen, wie sie reagieren, oder was sie gesagt haben. Aber dies alles ist nur eine indirekte und vermittelte Wiedergabe dessen, was in einem Kranken wirklich vorgeht. Eine Möglichkeit, diesen Mangel zu beheben, ist die authentische Wiedergabe von (meist kurzen) Gesprächen durch Gesprächsprotokolle.

Eine Patientin hat mir erlaubt, ein länger dauerndes Gespräch auf Tonband aufzunehmen und eventuell zu sinnvollen Zwecken – z. B. in Ausbildung und Fortbildung von in der Gesundheitsfürsorge tätigen Personen – zu verwenden. Es handelt sich um eine 52jährige Frau, verheiratet, Mutter zweier Töchter. Vier Jahre zuvor hatte sie sich einer Brustamputation unterziehen müssen; ein halbes Jahr zuvor mußte auch die zweite Brust amputiert werden. Das Gespräch fand an einem Abend statt, und zwar in der Wohnung der Stationsschwester, auf deren Station die Patientin beide Male liebevoll gepflegt worden war.

Der Text ist eine genaue Wiedergabe dessen, was die Kranke erzählte. Dazu zwei Bemerkungen: Nachdem der Text vom Tonband abgeschrieben war, habe ich die einzelnen Aussagen über verschiedene Aspekte zusammengebracht, z. B. die Aussagen über ihre eigenen Gefühle, über die Reaktionen des Krankenhauspersonals, über die Haltung ihres Mannes. Diese Ordnung ist sicher für den Leser eine Hilfe. Schließlich habe ich bei dieser Neuordnung der verschiedenen Unterteile des Textes meine eigenen Fragen, Bemerkungen und Überlegungen gestrichen, weil sie in diesem Zusammenhang im Grunde genommen unwichtig sind. Dadurch hat der Text zwar den Anschein eines Monologes bekommen; ein großer Vorteil aber scheint mir, daß die Wiedergabe der Gedanken und Gefühle der Kranken nicht gestört wird.

Verlauf der Krankheit

Mit der Zeit begann ich doch ein wenig ruhiger zu werden. Die erste Operation lag beinahe dreieinhalb Jahre zurück, und ich hatte immer gehört, daß sie einen nach fünf Jahren aus der medizinischen Kontrolle entlassen. Eigentlich lebte ich nur auf das Ende dieser fünf Jahre hin. Die Leute sagten immer zu mir: Du siehst gut aus, es steht gut mit dir. Dann versetzte es mir wie aus heiterem Himmel wieder einen Schlag, als bei der Kontrolle plötzlich ein kleiner Knoten unter dem Arm entdeckt wurde. An der Brust war überhaupt nichts zu fühlen. Die Ärzte waren sich zunächst nicht einig. Aber sie wollten doch operieren, um sicherzugehen. Ich bin dann auch operiert worden. Als ich wieder zu mir kam, stand mein Mann bei mir. Ich hörte ihn sagen: „Oh, ich brauche nicht zu fragen, ich sehe genug." Nun ja, später, als ich etwas bei Kräften war, fühlte ich den Verband um meinen Hals, und damit wußte ich auch genug. Ich mußte fürchterlich weinen. Die Oberschwester rief den Arzt. Und der sagte mir, in der Brust sei etwas gewesen, so dünn wie ein Kalkplättchen. Er sagte dann noch, wenn es das erste Mal gewesen wäre, hätten sie nur das Plättchen herausgenommen und dann weiter abgewartet. Dieses Mal wollten sie kein Risiko eingehen.

Wie ich es selber erlebte

Wissen Sie, ich hatte beide Male so furchtbare Angst, als ich das mit dem kleinen Knoten wußte. Aber ich wagte nicht, zum Arzt zu gehen, denn es hätte ja etwas Schlimmes sein können! Schließlich bin ich dann doch hingegangen. Je länger man wartet, desto schlimmer kann es ja werden. Mein Gott, beim ersten Mal saß ich im Wartezimmer und dachte: Soll ich es sagen, oder soll ich es nicht sagen . . . Ich wußte wirklich nicht, was ich tun sollte. Es war furchtbar für mich, als ich hörte, daß ich operiert werden müßte. Besonders beim zweiten Mal.

Als ich aus dem Krankenhaus nach Hause kam, habe ich dagestanden und mir die Haare gerauft und habe dabei ganz laut – mein Mann war gerade beim Brotholen –, habe ganz laut gerufen: „Mutter Maria, hilf mir, daß es nicht wahr ist." Aber das half nicht. Es blieb doch wahr. Wenn man nach der Operation weiß, daß es passiert ist, ist das natürlich schlimm. Aber das ist noch nichts, verglichen mit dem, was man empfindet, wenn zum ersten Mal der Verband abgenommen wird. Es war ganz entsetzlich. Ich wagte mich selber nicht mehr anzuschauen. Ich fühlte mich so verstümmelt. Ich schämte mich so sehr vor mir selber, daß ich beim Waschen genau in die andere Richtung schaute, weil ich nicht hinzusehen wagte . . .

Ab und zu werde ich doch ziemlich aufsässig. Manchmal finde ich es so ungerecht. Wenn ich dann oft andere sehe, die einfach darauflos leben und jeden Abend bis Zwölf oder bis Eins ausgehen, aber nur alle heilige Zeiten einmal in die Kirche gehen! Manchmal denke ich, daß dem einen alles zustößt und dem anderen nichts. Nun ja, nichts kann man nicht sagen, ihnen passiert auch mal etwas. Ich werde noch oft rebellisch und lehne mich dagegen auf. Ich fühle mich so entstellt. Wenn ich auf die Prothese schaue, könnte ich das Ding manchmal gerade aus dem Fenster werfen!

Wissen Sie, ich bin so in Sorge um meinen Mann, daß ihm etwas zustößt. Wenn ich nur so lange durchhalte, bis meine Töchter versorgt sind. Deshalb zünde ich oft Kerzen vor dem Muttergottesbild daheim an. Daran glaube ich eben. Natürlich gibt es auch Tage, an denen ich gut damit fertig werde. Ich kann dann arbeiten, mit Vergnügen in die Stadt gehen und sogar singen. Aber es gibt auch Tage, an denen ich wirklich in Sack und Asche herumsitze. Es überfällt mich dann ganz plötzlich. Vor kurzem mußte ich mich einmal an einem Samstagabend richtiggehend zusammennehmen. Ich hielt durch, bis meine Töchter im Bett waren. Dann lag ich unter der Decke, und ich habe geschluchzt. Dann ging es wieder.

Ich denke, daß der Kummer auch von der

Angst kommt, daß ich trotz aller beruhigenden Aussagen der Ärzte noch einmal etwas bekommen könnte. Und was dann?

Aber ich muß doch damit leben. Was bleibt mir anderes übrig? Ich muß einfach Hoffnung haben, denn der Arzt sagt so häufig: „Sie haben keinen Strohhalm, sondern einen Ast, um sich daran festzuklammern.“

Die Reaktionen meiner Umgebung

Die Menschen um einen herum haben oft so wenig Verständnis für das, was man da mitmacht. Ich habe Ihnen ja schon erzählt, daß ich es so schrecklich fand, als die Klammern entfernt wurden. Ich mußte furchtbar weinen, als ich mich sah. Aber die Schwester, die das machte, sagte noch nicht einmal ein Wort des Trostes, und dadurch wurde es noch viel schlimmer. Einige Tage danach kam eine junge Krankenschwester zum ersten Mal auf das Zimmer, in dem ich lag. Und sie sagte knallhart zu mir: „Man hat Ihnen die Brust abgenommen, nicht wahr!“ Ich fand das so schlimm, daß sie so etwas sagte, wo doch die anderen Patienten dabei waren. Aber die Oberschwester war ein guter Mensch, bei ihr konnte ich wenigstens einmal mein Herz ausschütten, und das tut in einer solchen Situation gut.

114

Die Leute können manchmal dumme Sachen zu einem sagen. Beispielsweise besuchte mich eine Bekannte im Krankenhaus, die sagte: „Warum in aller Welt bist du denn ins Krankenhaus gegangen! Ich hätte mich in keinem Fall operieren lassen." Ich sagte dann zu ihr: „Was hätte ich denn tun sollen?" Das ist doch ziemlich dumm, so etwas zu sagen. Als ob man sich zum Vergnügen operieren ließe! Ich hätte ihr am liebsten die Schale mit dem Obst nachgeworfen!

Man will es zwar seine Umgebung nicht wissen lassen, aber sie wissen es dann doch. So kam ich vor kurzem zur Bestrahlung in die Röntgenabteilung. Ich sitze da und warte, bis ich dran bin. Da kommt ein Mann mit seiner Frau herein, und die Frau sagt zu mir, ohne eine Miene zu verziehen: „Ihnen hat man beide abgenommen, nicht wahr!" Ich kannte die Person überhaupt nicht, aber man hatte darüber gesprochen; sie war zwar im Krankenhaus gewesen, aber auf einem ganz anderen Zimmer. Ich bin heulend zu der Bestrahlung gegangen. Aber die Schwester, die mir damals half, hat mich wirklich gut getröstet.

Daheim bekam ich noch immer viel Besuch. Unlängst war eine meiner Schwestern bei mir, gerade an einem Tag, als ich in sehr schlechter Stimmung war und aus Angst weinte, daß mir doch noch einmal etwas passieren könnte. Ich dachte dabei an meinen Mann und an meine

Töchter, und dann wurde die Angst noch stärker. Meine Schwester ist ziemlich unempfindlich, was Krankheiten und Ähnliches betrifft. Sie sagte zu mir: „Du machst dir viel zuviel Angst. Du darfst nicht so mißmutig sein, und du darfst vor allem nicht alles glauben, was sie sagen." Aber ich sagte: „Ihr habt doch gut reden. Ich habe nun einmal Angst und kann doch nichts dafür, daß ich weinen muß."

Wie sich die Begleiter um mich kümmerten

Was Begleitung betrifft, da weiß ich eigentlich nicht so gut Bescheid. Ich sagte schon, daß einige Schwestern kein Verständnis haben, aber ich hatte eine gute Oberschwester, mit der ich immer reden konnte.

Die Spezialisten haben sich sehr gut um mich gekümmert. Besonders Dr. X. hat viel für mich getan und beinahe stundenlang mit mir geredet, ganz normal. Er erzählte mir auch von zwei Fällen aus seiner eigenen Verwandtschaft. Eine Tante von ihm war vor zwanzig Jahren operiert worden und ist dann sehr alt geworden. Das macht doch wieder Mut. Man muß lernen, damit zu leben, sagte er dann.

Das gleiche sagt oft auch mein Hausarzt. Über unseren Hausarzt kann ich mich übrigens nicht beklagen. Er hat mir oft Mut gemacht. Manchmal legte er einen Arm um meine Schulter und redete auf ganz liebevolle Art mit mir, aber manchmal sagte er auch zu mir: „Paß auf, wenn ich noch eine Träne sehe, dann hole ich das Gewehr von meinem Sohn und stelle dich an die Wand!" Immer auf die spaßhafte Art. Aber das machte er natürlich auch, um mich ein wenig abzulenken. Ich muß sagen, daß er immer für mich Zeit hat, obwohl solche Leute immer viel zu sehr beschäftigt sind. Als ich vor kurzem bei ihm war, sagte er: „Setz dich." Ich sagte: „Aber Herr Doktor, das Wartezimmer ist ja noch voll!" „Macht nichts", sagte er, „heute Sie, morgen die anderen." Dann hat er ein Weilchen mit mir geredet und mich dann gefragt, ob ich begleitet würde. Von wem sollte ich denn begleitet werden? Er erzählte mir dann von einer Frau, die mit Ärzten zusammenarbeitet und Menschen wie mich begleitet. Aber ich habe dafür noch nicht viel übrig, weil ich die Frau gar nicht kenne. Bisher habe ich an meinem Mann eine sehr große Hilfe gehabt, aber auch am Kaplan unserer Pfarrei. Er ist oft zu mir gekommen. Er hat sich selber darum bemüht, daß ich ein wenig Hilfe für den Haushalt bekam, obwohl ich eigentlich meinte, ich hätte das gar nicht wirklich nötig. Mein Mann und ich konnten immer gut mit ihm reden.

Die Gespräche mit meinem Mann

Als der Hausarzt mir das von der Frau erzählt
hatte und mich gefragt hatte, ob ich einmal mit
ihr sprechen wollte, habe ich die Sache daheim
mit meinem Mann besprochen. Aber der sagte
auch: „Ach ja, das mußt du selber wissen. Wenn
du über die Dinge reden willst, kannst du das ja
auch mit mir tun.‟ Damit hat er natürlich recht,
aber auf der anderen Seite wage ich ihm doch
nicht alles zu sagen.

Unlängst war ich einmal traurig, aber gleichzeitig auch voller Auflehnung, weil ich mich so
verstümmelt fühlte, auch ihm gegenüber. Ich
wurde dabei richtig wütend und sagte, daß ich
die Prothese am liebsten aus dem Fenster werfen
würde. Er sagte: „Reg dich nicht so arg auf! Du
mußt nicht denken, daß mir das etwas aus-
macht.‟ Ich sagte zu ihm: „Aber was hast du
noch von mir als Frau? Ich fühle mich so verstümmelt, wenn ich mich sehe.‟ Er sagte: „Du
brauchst keine Angst zu haben, für mich bist du
immer noch dieselbe.‟ Das stimmt wohl auch;
mein Mann tut alles für mich, was das betrifft.
Wenn es irgendwie geht, bekomme ich, was ich
möchte; ich muß in dieser Hinsicht also keine
Angst haben. Aber vor kurzem sagte unser Hausarzt einmal zu mir: „Ich habe doch das Gefühl,
daß ihr zwei zu wenig darüber sprecht und ihr
Mann es eigentlich nicht zur Kenntnis nehmen

will." Ich habe dann meinen Mann gefragt: „Ist das so? Ich habe das Gefühl, daß der Doktor recht hat, denn wenn ich davon anfange, gehst du immer darüber hinweg." Mein Mann gab zur Antwort: „Ich habe gedacht, es sei gut, so wenig wie möglich darüber zu reden. Ich hatte Angst, daß du wieder ins Grübeln kommst, wenn ich davon rede." So dachte also mein Mann darüber.

Wissen Sie, ich will ihm nicht zu oft damit zur Last fallen, weil er auch nicht so gesund ist. Ich habe Angst, daß es ihm dann doch zu viel Kummer bereitet. Und dann kommen mir auch wieder unsere Töchter in den Sinn, und ich muß denken: Lieber Gott, wenn ich nur so lange leben darf, bis sie versorgt sind. Dann bekomme ich wieder Angst, daß mein Mann noch vor mir etwas bekommt. Und umgekehrt hat mein Mann Angst wegen mir und ich wieder seinetwegen. Aber es hat alles nicht soviel geholfen. Manchmal sage ich zwar etwas, aber dann denke ich doch, daß es ihn traurig macht, und dann sage ich lieber nichts. Das wage ich ihm allerdings nicht zu sagen, denn wie kann man so etwas auf eine gute Art sagen?

Zwischen Angst und Hoffnung

Trotz aller guten Dinge habe ich doch Angst, daß ich irgendwo anders etwas bekomme und daß ich daran sterbe. Aber schlimmer als die Angst vor dem Tod ist die Angst vor dem, was mit dieser Krankheit auf mich zukommt. Eine gute Bekannte von mir, die auch zu unserem Gesangverein gehört, hat nur noch wenige Wochen zu leben. Ich bin bei ihr gewesen, aber ich war danach ganz durcheinander. Mein Mann sagte dann auch, ich dürfe nicht mehr hingehen. Ich muß ehrlich sagen, mir wäre ein Herzinfarkt lieber als so eine Krankheit. Wenn man sieht, wie lange Krankheiten oft bei Leuten dauern können, die dasselbe haben, dann denkt man oft bei sich: Lieber Gott, wenn mir das alles noch bevorsteht ... Ich habe schon einmal gedacht: Dann schlucke ich lieber alle Tabletten auf einmal, damit ich es los bin. Aber wenn es dann soweit sein würde, hätte ich natürlich nicht den Mut dazu. Denn irgendwo hat man doch immer die Hoffnung, daß noch etwas dagegen getan werden kann oder so ähnlich. Wie der eine Spezialist zu mir gesagt hat: „Sie haben keinen Strohhalm, sondern einen Ast, um sich daran festzuklammern." Das hat er jedes Mal zu mir gesagt. Diese Hoffnung bedeutet für mich wirklich ein wenig Hilfe. Aber auch der Glaube hilft mir. Persönlich bin ich zwar noch gläubig, aber

120

ich habe oft auch gedacht, daß mich Gott bestraft hat. Ich gehe doch immer noch in die Kirche und zünde auch oft eine Kerze vor dem Bild der Muttergottes an. Natürlich habe ich mich auch oft gegen Gott aufgelehnt. In einer solchen Erregung dachte ich: Und jetzt bete ich auch nicht mehr. Aber man kann nicht einfach damit aufhören, schließlich ist man damit groß geworden.

Ich finde es schön, wenn Sie sagen, daß ein Mensch sich auch einmal auflehnen darf. Wie ich schon sagte, geht es auch wieder vorbei, und findet man dann eine gewisse Ruhe und Hilfe im Gebet. Das hat man von Kindesbeinen an so gelernt. Meine eigenen Töchter sind in diesem Punkt etwas gleichgültiger, jetzt, nachdem sie älter sind. Aber man merkt doch, daß der Glaube noch in ihnen steckt. Wenn sie Prüfungen haben, zünden sie auch Kerzen an. Ob ich das alles angenommen habe, weiß ich eigentlich gar nicht. Man muß es einfach, denn es ist nichts zu ändern, und was kommen muß, kommt doch. Man muß einfach sehen, daß man seine Aufgabe als Frau und Mutter so lange und so gut als möglich erfüllt. Aber manchmal fällt es mir schwer, weil ich solche Angst habe, daß es schlimm ausgeht und es sich weiter ausbreitet. Wenn ich zur Kontrolle muß, sitze ich immer mit klatschnassen Händen da aus Angst, daß sie wieder etwas tasten. Letztes Mal sagte der Doktor noch zu mir: „Bei Ihnen ist alles in Ordnung, es ist alles schön gelenkig. Und Sie sind nicht so dick, das ist gut, weil man dann alles gut tasten kann.'' Dann ist man wieder beruhigt, und wenn man draußen ist, denkt man, Gott sei Dank, ist es in Ordnung.

So versuche ich also das Beste daraus zu machen. Wenn es mir dann doch wieder einmal schlechtgeht, halte ich mich an dem fest, was mir der Arzt auch beim letzten Mal wieder sagte: ,,Sie haben Glück gehabt, Sie haben keinen Strohhalm, sondern einen Ast . . .''

Aus dem Niederländischen von Ulrich Ruh

Das Gespräch trug bei der Erstveröffentlichung, in der Zeitschrift Metamedica 55 (1976) 131-134, den Titel: ,,U hebt geen strohalm, maar een tak . . .''

Literaturhinweise

Christlicher Glaube in moderner Gesellschaft, Bd. 10: H. Schipperges / E. Ringel / E. Zenger / J. Brantschen: Leiden; *H. Schipperges:* Gesundheit – Krankheit – Heilung; *G. Condrau / P. Sporken:* Sterben – Sterbebeistand; *F. Meerwein/R. Leuenberger:* Trauer und Trost (Freiburg i. Br. ²1981)

H. G. Gadamer / P. Vogler, Neue Anthropologie (Stuttgart 1972-1975)

M. Genewein / P. Sporken, Menschlich pflegen. Grundzüge einer Berufsethik für Pflegepersonen (Düsseldorf ⁴1981)

Heimgang. Orientierungen auf dem letzten Weg. Herder-Bücherei 820 (Freiburg i. Br. 1980)

R. Kautzky, Sterben im Krankenhaus. Aufzeichnungen über einen Tod. Herderbücherei 561 (Freiburg i. Br. ⁶1980)

E. Kübler-Ross, Interviews mit Sterbenden (Stuttgart 1969)

E. Kübler-Ross, Was können wir noch tun? (Stuttgart 1974)

E. Kübler-Ross, Reifwerden zum Tode (Stuttgart 1976)

J. Maritain, Reflections on America (New York 1958)

I. Michels / P. Sporken, Medische Stervenshulp (Bilthoven 1974)

H. C. Piper, Gespräche mit Sterbenden (Göttingen 1977)

H. C. und I. Piper, Schwestern reden mit Patienten. Ein Arbeitsbuch für Pflegeberufe im Krankenhaus (Göttingen 1979)

A. Rapoport, Philosophie heute und morgen (Darmstadt 1970)

F. Rest, Den Sterbenden beistehen. Ein Wegweiser für die Lebenden (Heidelberg 1981)

H. Schipperges, Die Medizin in der Welt von morgen (Düsseldorf – Wien 1976)

P. Sporken, Darf die Medizin, was sie kann? (Düsseldorf 1971)

P. *Sporken*, Menschlich sterben (Düsseldorf 1972)

P. *Sporken*, Umgang mit Sterbenden (Düsseldorf 1973)

P. *Sporken*, Die Sorge um den kranken Menschen. Grundlage einer neuen medizinischen Ethik (Düsseldorf ²1981)

P. *Sporken*, Hast du denn bejaht, daß ich sterben muß? Eine Handreichung für den Umgang mit Sterbenden (Düsseldorf 1980)

A. *Ziegler*, Die Würde des Patienten und die Fortschritte der Medizin aus katholischer Sicht, in: Bull. Schweiz. Ak. Med. Wiss. 36 (1980) 223 – 430

Die Autoren

Paul Sporken, Dr. theol., Professor für ärztliche Ethik an der Medizinischen Fakultät der Universität Maastricht. Langjähriger Direktor des Zentrums für pastorale Fortbildung an der Universität Nijmegen und nebenamtlicher Krankenhausseelsorger, Fortbildungsleiter für Ärzte und Krankenpflegepersonen.

Markus von Lutterotti, Dr. med., Professor für Innere Medizin, leitender Arzt am Loretto-Krankenhaus in Freiburg i. Br.

Winfried Peitgen, Dr. med., Arzt für Allgemeinmedizin in Karlsruhe.

Bernhard Welte, Dr. theol., em. Professor für Christliche Religionsphilosophie und theologische Grenzfragen an der Universität Freiburg.

LOB DER
SIEBEN
TRÖSTUNGEN

Herausgegeben von Rudolf Walter
Herder

144 Seiten, gebunden.
ISBN 3-451-19593-3

Zum Menschen gehört, geradezu physisch, daß er
auf Tröstung angewiesen ist. Thomas von Aquin
hat eine ganze Abhandlung der Frage gewidmet,
wie man den Leiden der Seele abhelfen könne: ob
Schmerz und Trauer durch Lust gemildert werden,
durch Tränen, durch die Nähe der Freunde, durch
die Schau der Wahrheit, durch Schlaf oder durch
Bäder. Ähnlich spricht er vom Gebet. W. Dirks,
F. Heer, E. Jüngel, D. Sölle, B. Welte, E. Wiesel,
E. Zeller haben sich durch diese alten Fragen dazu
inspirieren lassen, Antworten für heute zu geben.
Sie haben dabei vergessene Selbstverständlichkeiten
des Lebens wiederentdeckt, überraschend und phan-
tasievoll.

Verlag Herder   Freiburg · Basel · Wien

128 Seiten, kartoniert.
ISBN 3-451-19395-7

„Ein echtes Trostbuch, das aus der Erfahrung eines
langen Lebens und tiefer Spiritualität erwachsen
ist." (Zweites Deutsches Fernsehen)

„Leidende, Einsame oder Kranke, aber auch
Menschen in ihrer Verlorenheit und Preisgabe an
den Tod werden hier besonders angesprochen.
Dieses Büchlein eines hochbetagten Meisters des
geistlichen Lebens blickt auf Heilung und Heil des
Menschen, auf die Bergung in Gott, die zugleich
Freiheit und Weite ist." (Fuldaer Zeitung)

„Auch für jeden, dem unsere medizinische Praxis
von Tag zu Tag fragwürdiger erscheint."
(Christ in der Gegenwart)

Verlag Herder   Freiburg · Basel · Wien